Réaliser votre étude de marché

Éditions d'Organisation
Groupe Eyrolles
61, bd Saint-Germain
75240 Paris Cedex 05

www.editions-organisation.com
www.editions-eyrolles.com

Éditions APCE
14, rue Delambre
75682 Paris Cedex 14

www.apce.com

ISBN : 978-2-212-54003-1

Agence Pour la Création d'Entreprises

Élizabeth Vinay

Réaliser votre étude de marché

Deuxième édition

EYROLLES
Éditions d'Organisation

EDITIONS
APCE

Cet ouvrage a été réalisé par Élizabeth VINAY, responsable de la collection des « fiches professionnelles » de l'APCE (les modes d'emploi de la création d'entreprise par secteur).

CHEZ LE MÊME ÉDITEUR
DANS LA MÊME COLLECTION

- Créer une entreprise de services à la personne
- Devenez consultant !
- Financer votre création d'entreprise
- Le guide de la micro-entreprise
- Ouvrez un gîte rural !
- Ouvrez un magasin !
- Ouvrez un restaurant !
- Quel statut pour mon entreprise ?
- Trouver une idée de création d'entreprise
- Vendez sur les marchés !

Que soient remerciées les personnes qui au quotidien accueillent les porteurs de projet. Elles nous ont apporté leur expérience et fourni de précieux conseils.

Sommaire

L'ÉTUDE DE MARCHÉ est une corvée pour beaucoup d'entre vous ! Vous ne savez pas très bien comment la réaliser, vous vous lancez dans l'aventure de la création d'entreprise avec un semblant d'étude… Les résultats ne se font pas attendre : manque de trésorerie et parfois dépôt de bilan dans les situations les plus tendues, qui découlent directement des problèmes commerciaux. À l'origine : une étude de marché souvent bâclée !

Pour confirmer la validité de votre idée initiale, vous devez vérifier qu'elle peut aboutir et permettre la rentabilité de votre affaire. L'étude de marché est le **pivot de votre projet**. Tout part de là. Votre plan d'affaires prévisionnel ou « business plan » ne peut pas être construit sans elle, et votre structure juridique n'est que l'habillage de votre projet.

Dans la majorité des cas, le créateur privilégie l'aspect juridico-administratif de son projet, (SARL ou EURL, gérant minoritaire ou majoritaire, aide à la création d'entreprise…) alors que son idée est encore mal définie, et que son étude de marché est embryonnaire ou inexistante.

Il vous est indispensable d'avoir une très bonne connaissance du marché.

Or les informations disponibles sont limitées :

→ dans le cas d'une création, il n'est pas possible de connaître le marché par les informations internes que possède toute entreprise en fonctionnement ;

- les entreprises nouvelles sont de petite taille et les méthodes habituelles d'étude de marché utilisées par les grandes entreprises ne sont pas adaptées ;
- les moyens financiers des entrepreneurs sont, en général, faibles et le recours aux prestataires de services spécialisés leur est peu accessible.

Cet ouvrage vous donne des points de repère conceptuels, méthodologiques et pratiques pour la réalisation de l'étude commerciale préliminaire au **lancement de votre activité**, élément essentiel de la réussite de votre projet.

C'est un guide que nous avons voulu pragmatique, illustré par des exemples concrets, éloigné des discours souvent trop théoriques et du marketing « grande consommation ». Place au bon sens et au concret !

Nous vous proposons de suivre le plan suivant :

- présentation du contexte ou du marché ; **les objectifs** de l'étude commerciale préliminaire au lancement du projet (chapitre 1) ;
- les **aspects concrets** de l'étude à envisager dès le départ : qui fait quoi, quand la réaliser, en pratique comment faire (chapitre 2) ? Les différentes **étapes** d'une étude de marché ;
- **1re étape : l'étude macroéconomique de votre projet** : offre, demande, environnement du secteur d'activité (chapitre 3) ;
- **2e étape : votre étude sur le terrain**, soit l'enquête à mener auprès de votre cible ou sur un lieu d'implantation (chapitre 4) ;
- **des exemples d'études de marché** en fonction du type de clientèle visée (identifiée, diffuse, clientèle de passage sur une zone, grande consommation) (chapitre 5) ;

→ les **conclusions** de votre étude de marché (chapitre 6) ;

→ l'élaboration de votre politique de **commercialisation** et de **communication** (chapitre 7).

Et pour conclure :

→ **la check-list** de votre étude de marché ;

→ **les sources d'information** nécessaires.

Voyons tout d'abord comment fonctionne une entreprise dans ses rapports avec son environnement commercial, c'est-à-dire son marché.

1

Une **étude** de **marché, pour quoi *faire* ?**

Vous avez dit marché ?

Un marché est un système d'échanges commerciaux ou financiers. Concrètement, ce sont des individus ou des organisations susceptibles de demander un produit ou un service sur un territoire donné. Pour qu'un marché fonctionne, un certain nombre de conditions doivent être réunies.

Il faut des personnes, des entreprises ou des organismes qui manifestent des besoins ou des envies solvables : **les demandeurs**. Ils doivent avoir la capacité et la volonté de payer à un prix raisonnable (c'est-à-dire au moins égal au coût réel) les produits ou services correspondant à leurs attentes.

Sur ce marché doivent figurer des produits ou des services adaptés aux besoins ou envies des personnes qui les manifestent : ce sont

Un directeur de spectacle vivant qui refuse toute complaisance vis-à-vis des goûts actuels du public, un inventeur qui ne veut pas modifier son produit en fonction des besoins des utilisateurs, un dépanneur informatique à domicile qui facture trop cher... prennent le risque que leurs produits ou services ne soient pas acceptés.

les **offreurs** qui répondent à de tels besoins ou parfois les suscitent.

Les biens ou services, objets de l'échange marchand, doivent être livrés à une date précise à un lieu précis. Ces règles **de lieu et de temps** doivent être respectées : lieux de mise à disposition des produits ou des services (implantation d'un local commercial, place sur un marché, emplacement dans un grand magasin…), lieux d'information, de communication, de promotion (emplacement publicitaire, lieu d'exposition, interlocuteur dans un organisme…), etc.

D'autre part, il existe des moments propices aux échanges de produits, de services ou d'informations : heures et jours d'ouverture, périodes ou saisons dans l'année, moments où la clientèle est prête à accepter un produit nouveau.

C'est la DGCCRF, Direction générale de la concurrence, de la consommation et de la répression des fraudes qui veille au bon fonctionnement des règles du marché et de sa transparence pour le consommateur.
www.minefi.gouv.fr/directions_services/dgccrf/index.htm

Une **information réciproque** entre demandeurs et offreurs s'impose également. Information des demandeurs sur les produits ou services existants et sur leurs conditions d'acquisition, information des offreurs sur les besoins des demandeurs et leurs possibilités de paiement.

Enfin, des éléments **d'influence extérieure** se répercutent sur le marché. La hausse des prix d'une matière première, un événement climatique, une mesure fiscale (baisse de la TVA…) modifient le fonctionnement des marchés et ont des conséquences sur les prix du produit ou de la prestation.

Un marché est un système d'échange

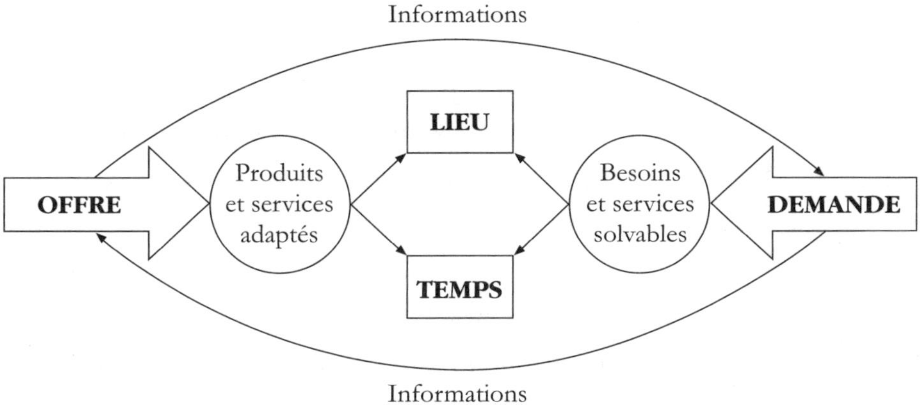

Les objectifs d'une étude de marché

Votre entreprise doit être **rentable**, c'est-à-dire vendre suffisamment de produits ou services pour gagner de l'argent. Vous devez donc avoir, au moyen d'une étude préalable, une bonne connaissance de la clientèle, de ses besoins, de la concurrence, et de leur évolution. Rappelons les objectifs de l'étude de marché :

La rentabilité de votre affaire n'est pas votre priorité et vous avez un objectif d'ordre social ? Vous pouvez créer une association, ce qui ne vous dispense pas de mener une enquête sur votre marché. Éthique et rentabilité peuvent aller de pair !

- développer les ventes, faire progresser le chiffre d'affaires : **objectif de croissance** ;
- gagner le plus d'argent possible, vendre plus cher, payer moins de charges : **objectif de rentabilité**. Ce sera le cas de votre entreprise lorsque, après avoir atteint son rythme de croisière, vous chercherez à améliorer ses gains, ses bénéfices ;

→ préserver l'avenir, préparer la durée de votre entreprise en ayant des clients sûrs et nombreux et des activités diversifiées : **objectif de sécurité**.

Entre autres dangers : un contrat qui mobiliserait les capacités de production de votre entreprise à 80 % ou 90 % pendant plusieurs mois, dès le démarrage, sans suite et sans prévoir le développement d'une clientèle diversifiée et durable.

Vous avez peut-être déjà une bonne connaissance de votre environnement et de ses potentialités ou bien vous découvrez tout un monde nouveau. Quel que soit votre niveau de connaissance, une évidence s'impose : il est impossible de connaître à 100 % le marché et **vous avez de toute façon intérêt à vérifier et à compléter vos informations**.

Une étude de marché n'est pas une équation mathématique vérifiable à 100 %. Mais c'est la pièce maîtresse de votre projet, dont tout découle. C'est un élément réducteur d'incertitudes.

Une très bonne maîtrise de l'environnement commercial de votre entreprise, de votre marché, vous permettra d'atteindre trois buts qui seront essentiels au démarrage de votre activité.

1. L'étude de marché de votre idée, en phase avec vos capacités, vos ressources et vos envies vous permettra de vérifier si ce **marché existe réellement** et quelle est son **évolution**. À partir de cette vérification, vous pourrez confirmer le choix de votre activité et de sa dimension (en termes de moyens humains et matériels) avant de la lancer.

2. La connaissance du marché vous permettra de chiffrer ses potentialités et donc d'éclairer le choix de vos hypothèses de **chiffre d'affaires** en **montant** et en **délai**. Ces deux données sont indispensables. Le montant prévisionnel de chiffre d'affaires vous permettra de mesurer les perspectives de rentabilité de

votre entreprise : il est l'élément central de votre compte de résultat prévisionnel.

CA PRÉVISIONNEL – CHARGES = RÉSULTAT (BÉNÉFICE OU PERTE)

3. L'observation de votre marché vous en fera connaître le fonctionnement et vous pourrez ainsi adapter votre offre à la clientèle. Vous en déduirez également son **positionnement** par rapport aux autres produits existants : ses différences et ses ressemblances. De cela découle aussi le choix des moyens les plus performants pour pénétrer sur le marché, c'est-à-dire tout ce qui constitue les éléments de votre **politique commerciale**, vos moyens commerciaux, votre plan marketing et son coût.

Entre autres finalités : fixer les prix, niveaux, gammes, conditions de paiement pour atteindre les objectifs de chiffre d'affaires et de rentabilité.

Une des questions phare de votre étude : Quelle est donc la spécificité de votre offre qui va séduire une nouvelle clientèle ? Souvent, personne ne vous attend sur le marché...

La connaissance du marché vous permettra ainsi de définir avec précision le ou les produits ou services à vendre, leurs caractéristiques, les avantages qu'ils doivent apporter, le catalogue ou l'achalandage qu'ils constituent, les services qui les complètent, leur présentation, leur finition et leurs conditions d'emploi. De là, vous serez en mesure de choisir le mode de vente, les conditions dans lesquelles les produits ou services seront mis à la disposition de la clientèle, le mode de distribution et la localisation qui permettront de satisfaire au mieux les règles de lieux et de temps. La connaissance du marché n'est pas non plus étrangère à la préparation des moyens de la négociation directe, de vos techniques de vente, votre argumentaire, vos compétences de vendeur, du mode de prospection, et éventuellement de la mise en place d'une force de vente. Enfin, elle aide à déterminer les différents moyens de communication, les relations publiques, les relations avec la presse, la publicité, le nom, le slogan et, de façon générale, l'image.

Réaliser une étude de marché c'est répondre aux questions suivantes :

QUOI ?	DÉFINITION DU PRODUIT OU SERVICE
QUI ?	DÉFINITION DE LA CLIENTÈLE
POURQUOI ?	SATISFACTION DE LA CLIENTÈLE
COMMENT ?	CRITÈRES D'ACHAT DU PRODUIT
OÙ ?	ZONE D'INTERVENTION DE L'ACTIVITÉ
QUAND ?	CIRCONSTANCES DE L'ACHAT
COMBIEN ?	VOLUMES PRÉVISIONNELS DE VENTES

Le nerf de la guerre, ce sont vos clients ! Une fois votre affaire lancée, vous n'aurez plus beaucoup de temps pour établir votre stratégie commerciale de démarrage !

L'importance de cette étude de marché n'est plus à démontrer et vous devez y consacrer toute votre énergie. Si vous en doutez encore, sachez que l'absence d'étude de marché conduit bien souvent les jeunes entreprises à leur perte. **Parmi les causes des défaillances d'entreprises, les problèmes commerciaux prédominent et expliquent 70 % des échecs** : marché trop étroit, clientèle trop restreinte, longs délais de décision de certains clients notamment dans le « B to B » (*business to business* ou vente à des entreprises), vente à pertes, vente à des clients insolvables, gamme de produits insuffisante, mauvaise appréciation de la concurrence…

Dans tous les cas, vous ne devez pas hésiter à remettre en cause votre projet de départ : l'objectif d'une étude n'est pas de confirmer à tout prix une vague idée mais de tester le marché. Vous allez mener une enquête, recueillir de précieux avis, et modifier le plus souvent votre projet initial.

Les causes d'échec des nouvelles entreprises

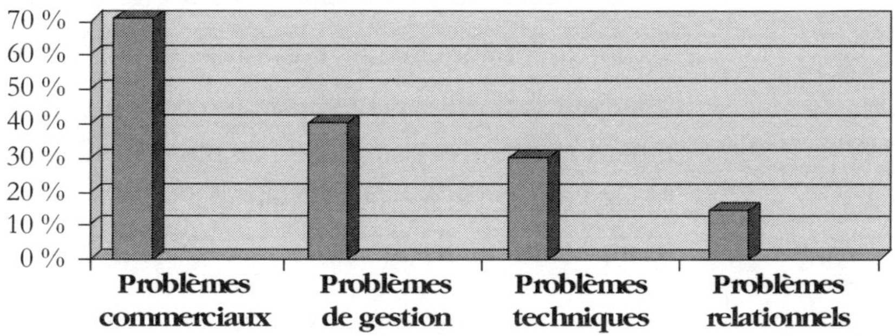

Source : APCE/IFOP/INSEE.

NB : les causes peuvent se cumuler d'où un total des réponses supérieur à 100 %.

Le projet est-il cohérent avec vous-même ?

Votre dernier objectif, en conclusion de votre étude, est de vérifier si votre projet tient la route.

Analysez le délai de montée en puissance du chiffre d'affaires. Disposez-vous d'un BFR (besoin en fonds de roulement) afin de soutenir le démarrage de l'activité ?

Comparez votre savoir-faire avec celui des professionnels qui réussissent. Êtes-vous l'homme (la femme) de la situation ? Seul(e) ou avec un associé ?

Comment allez-vous vous organiser ? Soyez réaliste : le chiffre d'affaires visé nécessite peut-être deux personnes à plein temps au lieu d'une…

La place de l'étude de marché dans la méthodologie de création d'entreprise

Avant de commencer votre étude, ayez bien en tête son importance. La réalisation d'un projet de création d'entreprise passe par plusieurs étapes mais l'étude de marché a une place bien spécifique : la première !

Nous vous rappelons brièvement ci-contre la méthodologie générale de création de votre entreprise.

Le BFR, ou besoin en fonds de roulement, mesure la quantité d'argent dont vous devez disposer grâce à la trésorerie de votre entreprise pour couvrir les dépenses faites avant d'encaisser vos premières ventes de produits.
C'est le volet de « charges courantes » engagé en permanence avant d'obtenir le règlement d'une prestation de service.

Votre étude de marché est le pivot de votre projet !

Votre succès repose en effet sur une bonne appréciation de votre marché, avant même de réfléchir à vos comptes prévisionnels (le CA découle de l'étude) ou à votre structure juridique (celle-ci n'est qu'un habillage du projet...).

La place de votre étude de marché dans la méthodologie de création d'activité

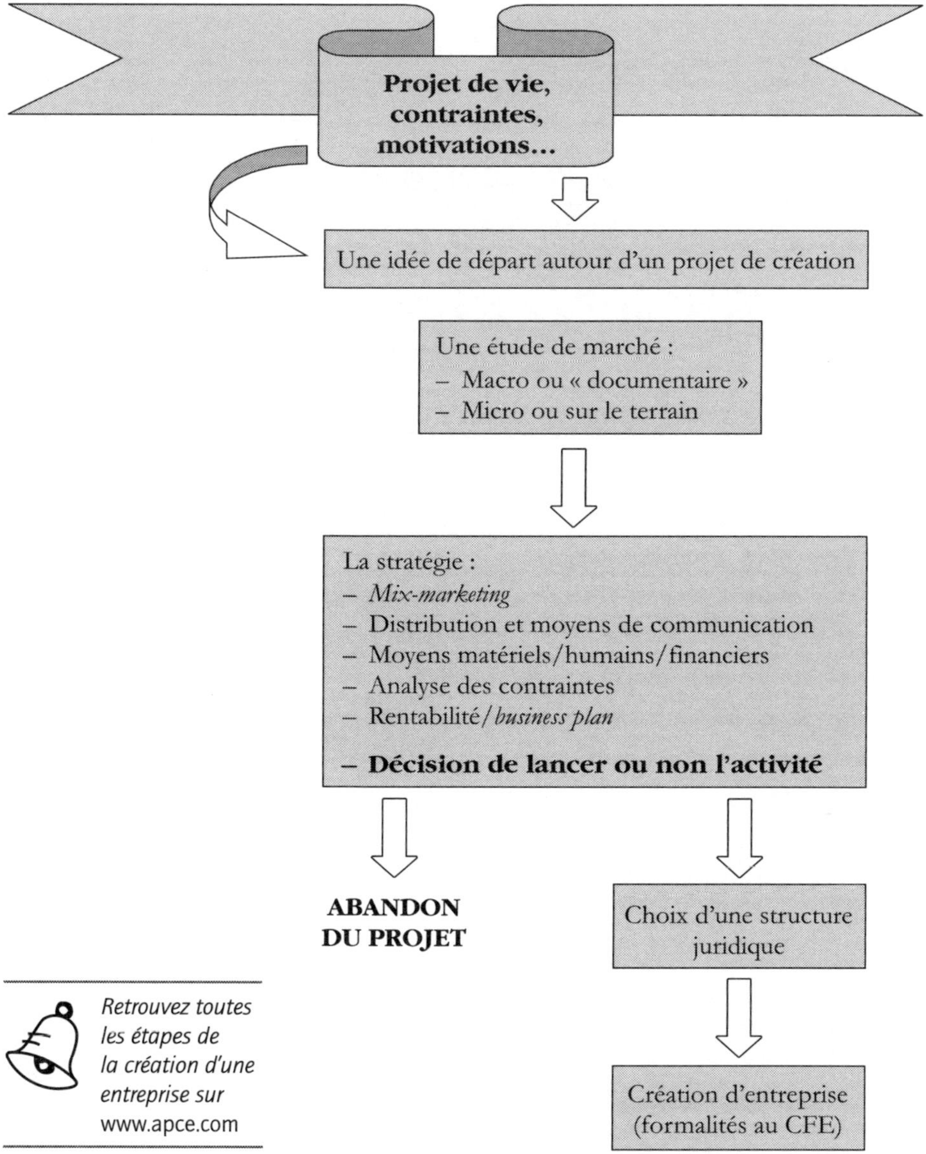

Retrouvez toutes les étapes de la création d'une entreprise sur www.apce.com

2

***Étude* de *marché*, mode d'emploi**

Quand réaliser une étude de marché ?

Vous pouvez entreprendre votre étude quelques mois avant la date envisagée pour démarrer votre affaire. Ceci n'est qu'une moyenne. Selon la nature et la complexité de votre projet, cette période est plus ou moins longue. Si vous êtes salarié, pensez aux formules du **congé sabbatique** ou du **congé création d'entreprise** afin de libérer du temps pour votre projet.

Retrouvez les modalités pratiques du congé sabbatique, du congé création d'entreprise et du travail à temps partiel pour création d'entreprise sur le site de l'APCE.
www.apce.com

Une autre mesure récente, contenue dans l'article 17 de la loi pour l'initiative économique adoptée le 1er août 2003, **institue le travail à temps partiel** pour création d'entreprise. Cette disposition permet à un salarié de se consacrer à l'étude de son projet de création ou de reprise d'entreprise, tout en conservant une activité professionnelle réduite au sein de l'entreprise qui l'emploie.

Une étude de marché, qu'est-ce que c'est ?

L'idéal est bien sûr d'avoir déjà réalisé une partie de son étude de marché lors d'une expérience précédente ! Par exemple, pendant plusieurs années, une commerciale a eu comme clients les instituts de beauté. Lorsqu'elle ouvre à son tour un centre de beauté, elle bénéficie déjà d'une solide connaissance du marché.

Une étude de marché consiste à collecter le plus d'informations pertinentes possible. Concrètement, c'est un ensemble d'actions.

Quelques exemples :

- → se déplacer dans des lieux stratégiques comme les mairies ou les chambres consulaires ;
- → assister à des conférences lors d'un salon professionnel ;
- → mener des enquêtes sur le terrain ;
- → arpenter un centre commercial ;
- → utiliser la presse et Internet pour exploiter l'information sur un sujet ;
- → interviewer des experts ;
- → mener une enquête de voisinage ;
- → compter le nombre de passants sur une avenue dans un laps de temps déterminé ;
- → tester un produit…

Cette recherche d'informations doit être menée tous azimuts ! Rien ne doit être négligé : prospectus, articles de journaux, échantillons, interviews sur bandes enregistreuses, études recueillies sur Internet, questionnaires... à classer et à conserver dans un premier temps. Les informations sont consignées par écrit en évitant les feuilles volantes et en privilégiant l'usage du micro-ordinateur.

La synthèse des informations collectées peut être finalisée dans un document : c'est **l'étude de marché formalisée**. Cette étude de marché ainsi mise en forme pourra être présentée à différents interlocuteurs (conseils, banquiers, partenaires...).

Formaliser une étude de marché consiste à consigner par écrit les grandes lignes du projet, ses points forts et préparer ainsi un argumentaire de vente. C'est aussi s'habituer à faire la présentation du produit ou du service de façon pertinente, en choisissant chaque mot, de façon intelligible et concise. C'est apprendre à communiquer ! On trouvera en annexe 3 des conseils pour bâtir un rapport d'étude.

Qui peut réaliser cette étude ?

Il est souhaitable que vous réalisiez vous-même la plus grande partie des démarches, en particulier la collecte des informations, constitutive de l'étude de marché proprement dite. Vous vous impliquez alors complètement. Qui d'autre que vous peut apprécier à sa juste valeur les nuances de chaque information recueillie ? Vous endossez déjà la casquette d'un futur chef d'entreprise face à d'éventuels clients et fournisseurs.

Les contacts directs doivent être pris par le créateur lui-même, via *un réseau de relations, avec le soutien de sa famille...*

Dans tous les cas, et même si vous vous adressez à des sous-traitants (cabinet d'étude de marché, junior entreprise, stagiaire...) il est fondamental que vous **pilotiez** l'étude, que vous y participiez au moins en partie. C'est un bon moyen de recevoir en direct des informations, des pistes qui ne seront pas forcément perçues par un tiers.

Quelques pistes pour sous-traiter une étude :

→ La CNJE, Confédération nationale des 112 juniors entreprises, regroupe des étudiants des grandes écoles, qui peuvent réaliser une étude de marché.

CNJE : 6, rue des Immeubles Industriels, 75011 Paris, Tél. : 01 43 70 26 56. www.cnje.org - *Compter environ de 1 500 à 3 000 € HT pour une étude relativement simple (soit 120 à 220 € HT par jour).* www.duoconseil.com, *cabinet d'études de marché animé par des étudiants d'HEC et de l'École polytechnique.*

Sachez identifier le cabinet d'études de marché qui vous convient : étude « quali » ou « quanti », secteurs d'activité, études pour des créateurs, références... posez-lui des questions !

→ Les cabinets d'études de marché pilotent les études marketing, qualitatives et quantitatives, à base de panels, de sondages. Contact : SYNTEC ÉTUDES, marketing et opinion.

3, rue Léon Bonnat, 75016 Paris, Tél. : 01 44 30 49 00 - www.syntec-etudes.com

→ ADETEM, Association nationale du marketing, groupe de réflexion et d'échange sur le marketing.

Pôle universitaire Léonard de Vinci, 92916 Paris La Défense Cedex, Tél. : 01 41 16 76 50 - www.adetem.org

→ Stagiaires de niveau BTS commercial : contactez directement les écoles de commerce. Certaines offrent bénévolement leurs services. Exemple : EDC, Écoles des dirigeants et créateurs d'entreprise, *www.edcparis.edu.*

Quelques définitions autour de l'étude de marché

Marketing : ensemble des actions destinées à détecter les besoins des consommateurs et à adapter en conséquence et de façon continue la production et la commercialisation.

Marketing direct : ensemble de moyens opérationnels permettant, le plus souvent à partir d'un fichier, d'établir un contact direct avec un destinataire identifié et sélectionné, dans un objectif de conquête ou de fidélisation.

Étude qualitative : elle consiste à questionner de façon approfondie un nombre restreint de « consommateurs pressentis ».

Étude quantitative : elle permet de questionner brièvement un nombre important de cibles – 200 à 300 personnes par exemple – pour estimer, par extrapolation, « combien de clients » et « combien d'achats » on pourrait obtenir.

Panel : échantillon représentatif d'une population considérée sur lequel sont pratiquées des enquêtes et des analyses régulières.

Sondage : enquête ponctuelle réalisée auprès d'un échantillon représentatif de la population étudiée. Les résultats obtenus auprès de l'échantillon sont ensuite extrapolés à la population étudiée.

▷ Qui peut vous conseiller ?

N'hésitez pas à présenter votre projet à des personnes rompues à l'accueil des créateurs, qui vous feront bénéficier de leurs conseils.

Selon la nature de votre projet (service, commerce, artisanat...), choisissez l'un des nombreux réseaux d'accompagnement des créateurs d'entreprise : assistant technique d'une chambre de commerce et d'industrie, d'une chambre de

Retrouvez sur le site de l'APCE tous les réseaux d'accompagnement des créateurs d'entreprise !
www.apce.com

Les chambres de commerce et d'industrie proposent des modules de formation à la création d'entreprise sous la forme de journées de sensibilisation.

métiers et de l'artisanat, d'une boutique de gestion ou d'une plate-forme d'initiative locale…, les réseaux de proximité ne manquent pas pour vous aider. N'hésitez pas à suivre une formation ou à rejoindre un club de créateurs !

Les aides financières pour votre étude

Des dispositifs d'aide au conseil vous permettent de réduire le coût de votre étude, par exemple les frais engagés pour payer une junior entreprise : ce sont principalement le FRAC et les chéquiers conseil.

L'annuaire de l'administration permet de trouver vos interlocuteurs au niveau local (mairie, chambres consulaires, DDTEFP…)
www.service-public.fr
puis « annuaire de l'administration ».

Le FRAC, Fonds régional d'aide au conseil, est une subvention de 50 % à 80 % du devis dans la limite d'un plafond variable qui se situe en général à 3 800 €.

Contact : le conseil régional, la chambre de commerce et d'industrie, la DRIRE, Direction régionale de l'industrie, de la recherche et de l'environnement.

Les dépenses de formation, de conseil, de prospection commerciale (…) engagées peuvent être affectées comme charges dans les comptes de votre future entreprise. Gardez bien tous vos justificatifs !

Les chéquiers conseils permettent aux bénéficiaires de l'ACCRE (Aide aux chômeurs créateurs ou repreneurs d'une entreprise) d'avoir recours à des conseils lors de l'élaboration du projet. Un chéquier-conseil comporte 6 chèques d'une valeur nominale de 45,74 €.

Contact : La DDTEFP, Direction départementale du travail, de l'emploi et de la formation professionnelle. Attention : parfois, il n'y a plus de budget disponible pour cette aide.

Adoptez une méthode !

Vous pouvez adopter une **méthode logique** de recherche de l'information : du plus simple au plus compliqué, de l'étude macroéconomique à l'étude de terrain, des informations gratuites à celles qui sont payantes, etc. Le tout est d'avoir un **fil directeur**, afin de mieux baliser votre recherche. Nous vous présentons ci-après la méthode la plus logique, qui part du général (étude macroéconomique) et vous permet ensuite d'affiner votre projet (étude sur le terrain). Reportez-vous également à la check-list présentée au chapitre 8 !

Il existe deux approches pour cerner votre marché.

Le premier niveau concerne le marché dans son ensemble, sa dimension et son évolution ainsi qu'un certain nombre de caractéristiques générales à l'échelle d'un pays ou sur le plan international. C'est **le niveau macroéconomique du marché**.

Le second niveau est beaucoup plus proche de l'entreprise et concerne toutes les informations relatives au marché local. Il a pour objet l'identité des clients potentiels (nombre, attentes, souhaits, habitudes d'achat, facteurs de blocage…) et des fournisseurs actuels (lieu, nombre et

Une étude de marché doit donc comporter à la fois une recherche d'informations au niveau macroéconomique et une étude de terrain, adaptée à une situation locale.

importance, politique commerciale, argumentaire, points faibles, etc.).

p. 53

Ce type d'information est microéconomique, de type **étude de terrain**.

Bien entendu, il n'est pas indispensable d'avoir achevé chacune des étapes pour entamer la suivante.

L'ordre de présentation de ces étapes n'est pas obligatoire mais logique. En effet, il est plus facile de faire une recherche documentaire un peu fouillée quand on a déjà une certaine vue générale du marché. Il est plus aisé de faire l'analyse de la concurrence quand on a commencé à faire une recherche documentaire, etc.

Même si vous avez déjà, du fait de votre situation professionnelle antérieure, une bonne connaissance du marché, vérifiez-la et complétez-la. Situez ces informations dans le contexte de votre projet qui est sans doute différent de celui de votre ancien patron.

Au cours de cette démarche, repérez toujours de nouvelles pistes d'information au travers de celles que vous avez déjà trouvées : quand vous lisez un article, une étude, recherchez les sources citées, consultez les références bibliographiques. Quand vous êtes en présence d'un interlocuteur, expert, documentaliste, demandez-lui de vous indiquer d'autres sources d'information.

Quelques conseils avant de démarrer !

Soyez exhaustif

Les informations sur votre marché peuvent être plus ou moins directement liées à votre projet d'entreprise. Certaines ont des conséquences directes et immédiates sur l'évolution de votre projet (exemple : un client potentiel est prêt à vous passer une commande) alors que d'autres ont des incidences beaucoup plus lointaines et indirectes (comme l'évolution générale de l'économie). Il est indispensable de vous attacher à intégrer toutes les données.

À ce stade, vos repérages économiques sont des indicateurs pour la veille économique permanente de votre activité. Consultez le guide pratique « intelligence économique » en ligne sur le site du Medef www.medef.fr

Méfiez-vous des généralités

Les études purement macroéconomiques, statistiques nationales, grandes tendances, etc., sont nécessaires à votre « culture générale » du milieu de votre future entreprise mais ne donnent pas de réponses concrètes à court terme.

À l'inverse, ne limitez pas non plus vos préoccupations à vos seuls clients potentiels : affinez votre connaissance sur l'environnement de votre entreprise, les facteurs qui peuvent modifier à long terme les conditions de son développement.

Voyez loin

Si l'étude du marché de votre idée est nécessaire au moment où vous préparez la création de votre entreprise, l'actualisation permanente de la connaissance du fonctionnement de ce marché devra être une de vos préoccupations lorsque vous en serez le gestionnaire. Si vous avez appris à trouver et à utiliser l'information, vous serez plus performant dans la gestion de votre affaire. L'apprentissage correspondant à la

Même si vous avez l'impression à certains moments de perdre votre temps à faire des recherches auprès d'organismes, d'entreprises ou de personnes qui ne sont pas toujours très coopératifs, ce temps d'apprentissage, de découverte, est un investissement dont vous mesurerez progressivement la valeur.

réalisation de votre étude de marché vous sera utile pendant toute la vie de votre entreprise.

Restez prudent et objectif

Vous risquez de rencontrer des difficultés qui pourront vous contraindre à faire des extrapolations et des interprétations. Il sera nécessaire de manifester la plus grande prudence sur leur valeur réelle. L'avis de personnes compétentes, d'experts, pourra être utile pour en vérifier la validité.

Vérifiez toujours la date à laquelle l'information a été recueillie. Certaines données n'ont pas été actualisées depuis plusieurs années et il peut être dangereux de trop s'y fier.

Certaines informations ne sont pas toujours accessibles pour un entrepreneur : études réalisées pour le compte de banques, grandes entreprises publiques… ou réservées aux seuls adhérents d'un syndicat professionnel, par exemple.

D'autres qui seraient souhaitables n'existent pas pour certains marchés trop novateurs ou marginaux. C'est aussi le cas des activités mal repérées dans la NAF, nomenclature des activités françaises, établie par l'INSEE.

Les informations nouvelles qui confirment mais peut-être aussi contredisent les opinions, les appréciations portées au départ, doivent respecter la règle fondamentale de l'objectivité.

Certaines informations seront disponibles mais à une échelle très grande par rapport à la taille de votre entreprise ou bien concerneront des catégories trop générales par rapport à votre spécialité (comme les statistiques de l'industrie de la céramique pour un potier).

Recoupez l'information

Pour confirmer la validité des informations en votre possession, essayez de trouver plusieurs sources sur le même sujet. Aucune information ne peut être fiable à 100 %. Des croisements entre différentes sources vous permettront d'être plus sûr de leur validité. C'est le cas, par exemple, des fichiers d'entreprises concurrentes ou clientes, des prix du marché, des statistiques de population, des chiffres de consommation, etc. L'accumulation d'informations complémentaires sur le même sujet n'est pas inutile.

3

L'étude macro-économique de votre *projet*

L'idée de départ

Vous avez peut-être une certaine connaissance de votre marché ou, au contraire, vous en ignorez tout. Il est utile, avant toute chose, de faire le point sur ce que vous connaissez déjà, au moins dans les grandes lignes, en vous référant aux éléments de définition du marché.

De quel marché s'agit-il ? Quel est le marché principal, quels sont les autres marchés liés à l'activité (marchés environnants, concurrents directs et indirects, supports…) ?

Par exemple, pour la fabrication de maisons en bois, vous êtes dépendant des contraintes de la filière bois (prix, réglementations) et du niveau d'activité dans la construction de maisons individuelles.

Ce sont des marchés **environnants**. Autres exemples : les marchés de la petite enfance et l'évolution démographique, les activités de garagiste et le parc automobile, etc.

L'étude de certains marchés dépasse largement le cadre de nos frontières : donnez dès le départ une dimension européenne, voire internationale, à votre enquête.
Contact : Ubifrance (adresse page 180).

Pour d'autres activités, on parle de marché **support** (par exemple le taux d'équipement des ménages en logiciels de type *Windows 2000* pour une offre de cédéroms éducatifs compatible avec ce matériel).

Pour certains marchés, l'étude des secteurs **concurrents** s'impose d'emblée : comment se partage le marché de la vente du pain entre boulangeries artisanales et terminaux de cuisson ?

Pour d'autres, il faut étudier la **concurrence indirecte** : tous les produits ou services alternatifs qui satisfont le même besoin. Par exemple, le vélo d'appartement ou le coach sportif à domicile sont des concurrents indirects des centres de remise en forme. Autre exemple : le beurre et la margarine (on parle aussi de **produits de substitution**).

La démarche de l'étude commerciale part de vos idées, de vos *a priori* : idée de produit ou de service, idée de prix, idée de localisation ou de manière de vendre, idée de publicité, etc.

Ces idées vous permettront de découvrir le fonctionnement du marché ou d'affiner la connaissance que vous en avez. Par là, elles peuvent vous aider à améliorer, à modifier, perfectionner votre produit ou service et sa présentation ainsi que les moyens commerciaux que vous avez retenus pour les faire accepter par la clientèle.

Efforcez-vous de noter votre projet de départ dans ses grandes lignes ! Il va servir de canevas, d'essai, avant d'effectuer votre étude approfondie et de probablement revoir vos postulats de départ !

p. 45

À partir de vos connaissances intuitives, vous passez à votre étude proprement dite.

Informations sur l'offre

Vous devez faire un premier bilan sur les entreprises qui proposent vos produits et services sur une échelle macroéconomique (en général, le territoire français) et non sur une zone d'intervention particulière. Les principales données à obtenir sont énumérées ci-dessous.

Concernant l'offre, n'oubliez pas le travail au noir, largement majoritaire dans les services à la personne.

Les entreprises du secteur

- nombre d'entreprises ;
- répartition des entreprises selon leur taille et niveau de chiffre d'affaires ;
- effectifs et évolution ;
- chiffre d'affaires des entreprises du secteur ;
- créations, reprises d'entreprises et défaillances ;
- évolution du nombre de créations dans le secteur.

Certains secteurs ont des évolutions d'activité constantes (agroalimentaire, produits pharmaceutiques...) ; d'autres sont cycliques (automobile, télécom). Les cycles sont plus ou moins longs (exemple de cycle long : le BTP) : à savoir pour comprendre toute évolution !

Dans certains cas, vous devrez élargir votre recherche (par exemple, aux associations dans le secteur du soutien scolaire à domicile...). Dans d'autres, vous devrez recouper des sources d'information parfois contradictoires.

Dans tous les cas, préoccupez-vous de l'évolution, des grandes tendances du secteur : parc d'entreprises, activité (le chiffre d'affaires), créations, etc. Un indicateur en lui-même ne veut rien dire s'il n'est pas analysé en détail, sur plusieurs années, dans son contexte avec d'autres marchés environnants, dans une perspective européenne, etc.

Il est rare qu'un secteur d'activité ne soit pas en pleine mutation ! Les facteurs de ces évolutions (croissance ou déclin) doivent être connus et analysés.

Sources d'information : *enquête annuelle d'entreprises de l'INSEE, fédérations professionnelles, études sectorielles, UNEDIC (pour l'emploi), etc.*

Il est à noter que l'INSEE et les cabinets qui publient des études sectorielles (Xerfi, Eurostaf, Coface, etc.) se fondent sur la **NAF 700, Nomenclature des activités françaises** de l'INSEE.

EXEMPLE

Code NAF *74.7Z* pour désigner les activités de nettoyage. En revanche, certaines activités n'ont pas de code NAF spécifique (exemple : le toilettage animalier est classé avec les autres services personnels *93.0N*). D'autres sont classées dans plusieurs codes NAF (exemple : les salons de thé dans le code NAF *55.3B* restauration de type rapide ou *15.8D* pâtisserie ou *55.4B* débit de boissons...). Il est alors rare de trouver une étude officielle à leur sujet ! Il faut donc utiliser d'autres sources d'informations (Pages jaunes de l'annuaire, organisations du secteur, conférences...).

La NAF peut être retrouvée sur le site de l'INSEE : www.insee.fr. Une nouvelle classification doit être adoptée au 1er janvier 2008.

Les produits et services déjà sur le marché

Il est indispensable de très bien connaître les produits ou services concurrents avant d'arrêter la définition des vôtres : leurs caractéristiques techniques et commerciales, les avantages qu'ils apportent aux utilisateurs, leurs inconvénients, leur image et leur notoriété, leur ancienneté, les gammes de produits ou services, les prix et conditions de paiement, les services proposés en plus de ce qui est facturé, l'existence d'offres gratuites, le niveau des rapports qualité/prix (produit haut de gamme, banalisé ou gadget), les perspectives de nouveaux produits ainsi que toutes les informations que vous pourrez trouver et qui vous permettront de connaître parfaitement les offres déjà disponibles sur le marché.

Sources : *salons professionnels, lieux de vente, expositions, catalogues, documentations techniques, publicités, devis et factures des concurrents, analyse des produits, syndicats professionnels, clients, fournisseurs et distributeurs, etc.*

Votre idée est réellement innovante et vous avez du mal à obtenir de l'information ? Rencontrez des spécialistes de l'innovation (Oséo, CRITT, Centre régional d'innovation et de transfert de technologie, DRIRE/ministère de l'Industrie...).

Votre produit ou service est réellement nouveau et il n'y a pas de concurrents ? Et à l'étranger ? Retrouvez de nouvelles idées de business à l'étranger sur le site www.goodfutur.com.

Quoi de plus instructif qu'un repérage sur un salon professionnel afin de sentir l'ambiance du milieu, de découvrir les derniers produits ou services mis sur le marché ? À ne manquer sous aucun prétexte !

Les phases de développement du secteur

Tout marché, toute activité, tout produit ou service connaît un développement dans le temps — symbolisé par une courbe de vie — qui passe par quatre phases : une phase de lancement ou de naissance (I), une phase de développement ou de croissance (II), une phase de saturation ou de maturité (III) et une phase de régression ou de déclin (IV).

La courbe de vie d'un produit

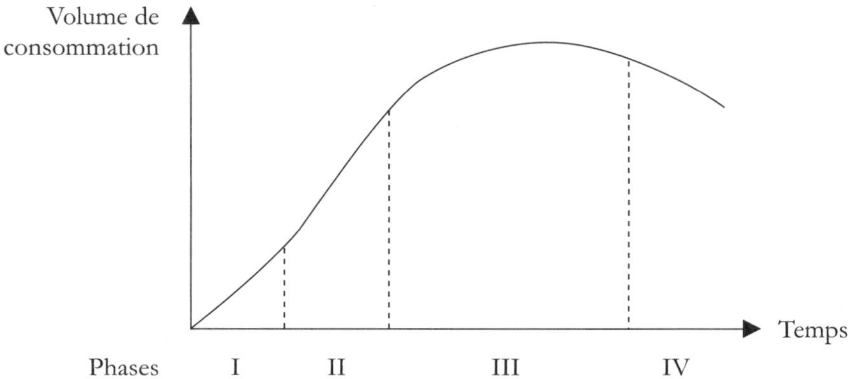

D'une manière très schématique, on peut dire que chacune de ces phases entraîne un certain nombre de conséquences pour le fonctionnement du marché de l'entreprise.

En période de **lancement** vous aurez principalement à faire connaître et essayer votre produit ou service et à assurer le financement des investissements correspondants. Vous prenez un pari : vous essuyez les plâtres et êtes parfois perçu comme trop innovant, d'autres vont vite vous copier en tirant parti de vos erreurs… Mais en cas de succès, vous prenez une avance décisive sur vos concurrents.

> *N'oubliez jamais de comparer votre projet de création aux avantages procurés par la reprise d'une affaire dans le même secteur…*

En phase de **développement**, il vous faudra élargir la clientèle potentielle et profiter d'une rentabilité importante pour récupérer les frais correspondant à la mise au point et au lancement. Ce marché, dit porteur, attire les créateurs individuels, les investisseurs et les entreprises existantes. La concurrence peut y être très vive et les moyens commerciaux sont conséquents pour bâtir une réputation. L'offre est susceptible de croître beaucoup plus vite que la demande avec toutes les conséquences que cela implique sur le chiffre d'affaires de chacun et la rentabilité.

Un marché est saturé quand le taux d'équipement s'approche des 100 %. Dès lors, les consommations ne peuvent plus être que le fait de renouvellements ou de seconds équipements. C'est le cas de nombreux produits blancs (électroménagers).

À l'opposé, il existe certains marchés résiduels, après la phase de déclin, pour lesquels il est possible de trouver des opportunités de développement ou de reprise intéressantes.

Au moment de la **maturité**, la promotion par les prix, par des modifications du produit et par tout moyen permettant d'attirer et de fidéliser le client sera nécessaire. Pour caricaturer, à ce stade, deux stratégies sont le plus souvent adoptées pour se différencier des concurrents : soit une politique fondée sur les prix bas, soit le pari de la qualité et du haut de gamme.

La surveillance de la rentabilité orientera les choix de la phase de **déclin** puis d'abandon du produit ou service.

Le volume de consommation et le taux d'équipement

L'offre des entreprises sur le marché correspond à une production de biens ou de services.

Au point où l'offre rejoint la demande, il y a **consommation** sur votre secteur.

C'est ce volume de consommation qui donne l'importance chiffrée du marché, c'est-à-dire le « gâteau » que vous allez partager avec vos concurrents.

Savoir si votre marché est en phase de lancement, de développement, de saturation ou de régression est une information très intéressante qui doit, cependant, être interprétée avec prudence. Ce n'est pas parce que vous êtes sur un marché dit porteur (phase II) que votre chiffre d'affaires va se réaliser tout seul.

Analysez les chiffres obtenus sur plusieurs années et sachez anticiper : quelles sont les perspectives sur ce secteur ? Les chiffres de consommation passés et actuels vous permettront de situer l'état de votre marché par rapport à sa courbe de vie.

Attention cependant à ne pas confondre offre des entreprises (production) et consommation des ménages : il faut tenir compte des incidences du commerce extérieur !

CONSOMMATION = PRODUCTION + IMPORTATION – EXPORTATION

EXEMPLE

Le marché du jouet en France peut s'apprécier de façon bien différente si l'on compare la production des entreprises françaises et la consommation de jouets (deux fois supérieure du fait du poids des importations... et des intermédiaires et revendeurs qui ont majoré le prix initial !).

Un autre piège : ne pas confondre consommation par ménage ou par habitant et consommation par consommateur...

EXEMPLE

La dépense annuelle atteint 1 250 € TTC pour les foyers acheteurs de meubles, c'est-à-dire plus de 7 millions de Français (source : IPEA, Institut de promotion et d'études de l'ameublement). *Cela représente en moyenne un peu plus de 365 € par ménage (acheteur ou non acheteur de meubles).*

Sources d'information sur la consommation des ménages :
Insee, Institut national de la statistique et des études économiques ; Études en ligne (conditions de vie/société puis consommation des ménages) www.insee.fr *et ODIL* http://creation-entreprise.insee.fr *(voir annexe 1) ;*

Credoc, Centre de recherche pour l'étude et l'observation des conditions de vie, analyses sur les modes de vie des Français – www.credoc.fr *;*

ACFCI, Assemblée des chambres françaises de commerce et d'industrie ; les IDC, indices de disparités des dépenses de consommation, mesurent les dépenses des ménages en un point quelconque du territoire national www.acfci.cci.fr/commerce/idc.htm.

Sources : *organisations professionnelles ;*

presse professionnelle ; observation et interrogation directe des clients ;

consultations de leurs fournisseurs ou de toutes autres personnes avec lesquelles ils peuvent être en contact ; études déjà réalisées par des instituts spécialisés par secteur (ex. : IPEA) ; enquêtes sur la consommation des ménages (Contact : www.syntec-etudes.com*) ;*

études de motivation.

Le taux d'équipement fournit des informations précieuses : il correspond au pourcentage de consommateurs, individus, ménages ou entreprises qui possèdent un certain type de bien durable ou qui consomment un service. On veillera surtout à esquisser les perspectives d'évolution de ces chiffres avec prudence !

Sources : *INSEE (consommation des ménages, étude de conjoncture)* – www.insee.fr ;

organisations professionnelles ;

organismes privés d'études économiques ;

services des douanes – www.douanes.gouv.fr *;*

DNSCE, Direction nationale des statistiques de commerce extérieur – Tél. : 05 62 11 23 00 ;

etc.

▷ Informations sur la demande

Plus d'une étude de marché sur deux se trompe de cible en analysant l'offre plutôt que la demande. Si l'on veut prendre de l'ascendant, il faut analyser les besoins des clients (source : L'Étude des marchés qui n'existent pas encore, *de Paul Millier, Éditions d'Organisation, 2002).*

Les particuliers

Qui consomme votre produit ou service ? À quelle fréquence, pour quel montant, à quelle occasion, qui achète, qui prescrit ?... autant d'informations à recueillir aux niveaux local et national (ou international, le cas échéant). Vous observez les besoins et les comportements des clients pour déceler des sources de différenciation originales par rapport à vos concurrents.

EXEMPLE

Premières données recueillies sur la consommation de fleurs en France

La clientèle potentielle des fleuristes en boutique est estimée à 37 % de la population des plus de 15 ans, soit 29 % de la population totale.

La motivation des clients à l'achat :

- *cadeaux (63,3 % des cas) ;*
- *achats d'impulsion pour soi, qui subissent la concurrence des grandes surfaces (14,9 %) ;*
- *fleurs de cimetière (21,8 %).*

La somme annuelle moyenne dépensée par client dans une boutique de fleuriste varie entre 63 et 78 euros. La somme dépensée par habitant (et non plus par client) est de 33 euros en 2006, soit le 11e rang mondial.

Le montant des achats croît avec la catégorie socioprofessionnelle : cadres moyens et supérieurs constituent la plus grande partie de la clientèle, essentiellement urbaine et à 60 % féminine.

Source : Fiche professionnelle APCE 2007 d'après VINIFLHOR, www.viniflhor.fr.

Les entreprises, les administrations et les collectivités

L'évaluation de ces populations doit se faire suivant trois principales caractéristiques : la localisation, la taille en nombre de salariés et la nature de leur activité principale. Sans oublier les activités secondaires : une entreprise de charpente peut faire de la menuiserie, un cabinet de conseil peut faire de la formation et un libraire vendre de la papeterie. D'autres critères de repérage des entreprises et organismes peuvent élargir votre recherche : nombre d'établissements par entreprise, ancienneté, forme juridique, volume d'investissement, etc.

TERRitem est un nouvel outil de marketing territorial ou géomarketing développé par la CCIP. Objectif : fournir aux chefs d'entreprises et aux collectivités une vision globale socio-économique de leur commune. Contact : www.ccip.fr, *puis « développement de l'entreprise » puis « études et informations territoriales TERRITEM ».*

Ces informations vous aideront à cibler votre clientèle d'entreprises ou d'organismes dans le cadre de votre analyse de couples produit/marché.

Sources : *INSEE (fichier SIRENE), chambres de commerce et d'industrie, chambres de métiers, syndicats professionnels, annuaires (Pages jaunes, annuaires professionnels, Kompass, etc., qui peuvent être consultés dans les services de documentation des chambres de commerce et d'industrie) ainsi que toutes les entreprises privées susceptibles de vendre des fichiers d'entreprises.*

p. 163

Les attitudes et motivations des clients

Les motivations et les attitudes sont à l'origine des actes d'achat. C'est parce que quelqu'un voit l'avenir avec crainte (attitude) qu'il cherchera à se sécuriser (motivation) en achetant un produit de marque connue plutôt qu'une nouveauté (comportement).

Les principales motivations d'achat que l'on repère habituellement sont :

- → la sécurité, l'utilité, la stabilité, la peur du risque ;
- → l'orgueil, l'estime, la considération, la notoriété ;
- → la nouveauté, le changement, l'attrait du futur, le risque ;
- → le confort, la commodité, l'agrément, le plaisir ;
- → l'argent, l'intérêt, la rentabilité, la rigueur ;
- → la sympathie, l'affection, la bonne entente, l'appartenance.

Dans le « B to B », *business to business*, les critères les plus déterminants sont le coût et l'efficacité, la qualité et les compétences, la souplesse et la simplicité.

L'étude des motivations doit vous permettre de répondre aux attentes de vos futurs clients. Celles-ci portent non seulement sur les caractéristiques fonctionnelles, techniques, le prix et l'image des produits, mais doivent servir à développer un argumentaire de vente, des services de fidélisation, ainsi que des moyens en vue d'atteindre vos objectifs commerciaux.

L'observation des **styles de vie**, des courants de mentalités, l'attention aux attitudes et aux caractères psychologiques des clients potentiels, la lecture d'ouvrages sur le sujet pourront vous aider à aborder ce thème d'information complexe mais fondamental.

De nombreux ouvrages décryptent les comportements et les motivations des Français, comme Francoscopie 2007, *de Gérard Mermet. Sans oublier des émissions comme Capital, sur M6, une émission télévisée sur les tendances économiques et sociologiques.*

Le site www.altema.com *présente de nombreuses lettres de veille économique afin d'analyser les tendances de la consommation, les valeurs actuelles.*

Sources : *Les organismes qui décryptent la consommation des Français et leurs motivations :*

www.lecca.com, *le CCA, Centre de communication avancée ;*

www.observateur-cetelem.com, *l'observateur Cetelem a pour objectif de décrypter les modes de consommation européens ;*

www.ifop.fr *et* www.tns-sofres.com, *instituts de sondages et d'opinion ;*

www.conso.net, *le site de l'INC, Institut national de la consommation ;*

www.quechoisir.org, *UFC Que choisir, Union fédérale des consommateurs ;*

www.beuc.org, *Bureau européen des unions de consommateurs.*

Les habitudes des clients

Ces attitudes et comportements se traduisent le plus souvent en habitudes. Il est important de repérer :

- celui qui utilise (le « destructeur ») le produit ou service ;
- celui qui paie ;
- celui qui effectue l'achat ;
- celui qui décide ;
- celui qui prescrit ;
- celui qui influence (une vedette du show-business pour des produits de mode, les enfants pour des produits alimentaires, etc.).

Un prescripteur : toute personne ou structure susceptible d'influencer l'acheteur dans ses choix.

Exemples de prescripteurs : les comités d'entreprise pour un événement culturel, les salons de coiffure et de beauté pour un service de relooking, *les vétérinaires pour une offre de pension canine, l'architecte pour une entreprise du bâtiment, le guide gastronomique pour un restaurant ou le moniteur pour un équipement sportif.*

Tous ces acteurs peuvent être un seul et même individu (celui qui achète un paquet de cigarettes par exemple). Souvent, plusieurs personnes différentes interviennent, comme pour les achats importants dans une famille ou dans une entreprise.

Sources : *syndicats professionnels, presse professionnelle, observation directe des clients, de leurs fournisseurs ou de toutes autres personnes avec lesquelles ils peuvent être en contact, études réalisées sur le marché, enquêtes.*

L'environnement de votre profession

Le contexte global

L'environnement économique et politique peut avoir des répercussions sur votre activité.

Quelques exemples :

Même ce qui se passe en Chine peut avoir des répercussions sur votre activité... Par exemple, le cours de certaines matières premières, comme l'acier, flambe, car ce pays en consomme de plus en plus.

- un événement ponctuel important aux niveaux local, national ou international : fête, élection politique, manifestation sportive, plan vigie pirate, etc. ;
- l'évolution démographique, le changement des mœurs et des mentalités ;
- les développements scientifiques ou technologiques ;
- l'influence du climat ou de la configuration géographique des pays où l'entreprise est implantée ;
- la réalisation de grands travaux ;
- les mesures en faveur du développement durable ;

→ l'harmonisation européenne, etc.

Sources : *informations générales, presse, radio, télévision, et votre culture générale !*

La curiosité et l'intérêt pour tout ce qui se passe est pour vous le meilleur moyen de saisir des informations afin d'en tirer des enseignements.

Principaux sujets d'attention

L'environnement de votre marché

- démographie, natalité, mortalité, déplacement de population ;
- économie, crise, aspects financiers ;
- modes de vie, systèmes de valeur, évolution de la société ;
- sciences et techniques, innovations technologiques de votre secteur ;
- politique, législation, réglementation ;
- activités sportives et culturelles ;
- situation sociale, chômage, syndicats ;
- environnement physique, climat, relief ;
- vie des personnalités publiques, artistiques, politiques ;
- votre marché et l'Union européenne.

L'organisation de la profession

Il vous faut bien connaître l'organisation, les caractéristiques particulières de fonctionnement, les réglementations, les coutumes, l'ambiance de toute une filière. Imprégnez-vous de tout ce qui constitue le « milieu » de votre future entreprise.

Sources : *visite des foires et des salons, lecture de la presse professionnelle, rencontre de représentants des syndicats, interrogation des différents acteurs.*

Vous apprécierez également le rôle que peuvent jouer, sur le fonctionnement du marché, les différents fournisseurs de la profession :

fabricants de matières premières, de composants, prestataires de service. N'oubliez pas les intermédiaires : donneurs d'ordre, grossistes, détaillants, centrales d'achat, grande distribution.

p. 39

Enfin, les **prescripteurs** devront être repérés, car ils pourront être une source importante d'informations et d'interventions auprès de la clientèle, en particulier si celle-ci est diffuse.

La réglementation de votre activité

Pour exercer votre activité, vous devez connaître les barrières à l'entrée (les conditions d'installation dans la profession), ainsi que les réglementations à respecter par tout professionnel du secteur.

La loi 96-603 du 5 juillet 1996, dite loi Raffarin, relative au développement et à la promotion du commerce et de l'artisanat et le décret d'application 98-246 du 2 avril 1998 déterminent la qualification professionnelle de certains métiers.

Le service Inforeg, information réglementaire aux entreprises, de la chambre de commerce et d'industrie de Paris a publié plusieurs documents (téléchargeables sur le site www.ccip.fr*)*
Tél. : 01 55 65 75 75 et 0892 705 100.

Conditions d'installation

Attention, les conditions pour exercer certaines activités sont de plus en plus strictes. Ainsi, désormais, pour être à son compte dans de nombreuses professions, il faut un niveau minimum de **qualification** ou trois ans d'expérience. À défaut, vous devrez embaucher une personne qui possède la qualification nécessaire. C'est le cas de nombreux métiers dans l'artisanat, dans le domaine de la santé, des sports…

De plus, des conditions de moralité ou des garanties financières sont parfois requises (métiers de l'immobilier, agences de voyages, transports…) afin d'obtenir la **carte professionnelle** ou le **certificat** autorisant l'exercice de l'activité.

Règles et usages de votre activité

Lors de l'exercice de votre activité, vous êtes soumis à de nombreuses réglementations, relatives au droit du commerce ou de la consommation en général, ou spécifiques à votre activité : mesures de sécurité, d'hygiène, droit de la propriété littéraire, règles du commerce électronique ou à distance, etc.

Enfin, il faut connaître les nombreuses normes, techniques ou qualifications, adoptées depuis la transposition en droit français des directives européennes. Certaines de ces dispositions rendent votre investissement de départ coûteux (exemple : du matériel frigorifique aux nouvelles normes européennes pour vendre sur les marchés !).

La chambre de commerce et d'industrie de Toulouse publie un guide sous forme de classeur sur les activités réglementées.
Contact : CCI de Toulouse, Espace accueil-entreprendre, Tél. : 05 61 33 65 01.

À Paris, les services de la préfecture délivrent bon nombre d'autorisations d'exercer l'activité dans des lieux hélas très disparates :
21-23, rue Miollis pour les transports ;
18-24, rue Tiphaine pour la formation professionnelle ;
11, rue des Oursins pour l'ouverture d'une auto-école...

Où vous renseigner pour connaître la législation ?

- la préfecture de votre département ou votre sous-préfecture restent les lieux incontournables pour effectuer les démarches liées au lancement de votre affaire, avec les conditions d'autorisation pour exercer. N'hésitez pas à consulter les sites Internet des préfectures ;
- prenez conseil auprès des chambres de commerce et d'industrie. Certaines ont déjà mis en ligne des informations sur les activités réglementées ;
- les syndicats professionnels et leurs services juridiques possèdent toute l'information nécessaire sur la réglementation, la législation du travail et les projets de loi ;
- la DGCCRF, Direction générale de la concurrence, de la consommation et de la répression des fraudes, renseigne sur les droits du consommateur, l'hygiène alimentaire, la politique des prix ;

– les services des impôts connaissent la fiscalité appliquée à votre activité (TVA, taxe professionnelle et imposition des bénéfices) ;
– autres lieux d'information : les douanes, les ministères et *www.legifrance.gouv.fr* (les textes des lois, décrets, circulaires, arrêtés et les conventions collectives publiés au *Journal officiel*) ;
– consulter aussi les fiches professionnelles de l'APCE qui font le point sur la réglementation, ainsi que la rubrique « activités réglementées », sur le site *www.apce.com*.

Retrouvez en fin d'ouvrage le carnet d'adresses détaillé des sources d'information pour votre étude de marché.

En conclusion de votre étude macroéconomique, nous vous présentons un récapitulatif des sources d'informations sectorielles.

Consultez aussi le site : www.prefecture-police-paris.interieur.gouv.fr. *Il existe cependant un guide gratuit qui récapitule pour chaque activité l'ensemble des formalités sur Paris : « élaborer, entreprendre, gérer », disponible à l'accueil d'une des antennes de la préfecture située au 50, avenue Daumesnil 75012 Paris, Tél. : 01 49 28 40 36.*

Prenez le temps **de connaître le marché : les** caractéristiques de la **demande,** de **l'offre** et de **l'environnement de votre entreprise**

1. Votre idée de départ : ses grandes lignes avant de faire une étude de marché approfondie

Quel bien, quel service ?

Qui produit, fabrique, conçoit, commercialise ?

Pour quel usage ? Comment est utilisé ce service ou ce produit ?

Quelle est la clientèle pressentie au départ, quelles sont les cibles à privilégier ?

Comment créer le contact ? À quel emplacement vendre le produit ou service ?

Moyens humains, matériels, financements pour démarrer l'activité

Contraintes liées au produit ou service, au marché, à son environnement

----

Où en est-on du cycle de vie pour ce produit ou service (lancement, démarrage, croissance, maturité) ?

Points forts, points faibles, qu'est-ce qui fait la différence ?

----

2. Votre étude macroéconomique

La demande

Quelle est la demande sur ce marché (tous les chiffres ou les tendances du marché régional, national ou européen) ?

Tendances et prévisions du marché

Quelle a été l'évolution durant les cinq dernières années ?

La demande a-t-elle changé et comment ?

Êtes-vous dépendant de la conjoncture ?

Quelles perspectives sur ce secteur ?

Qui sont les clients, les utilisateurs, leurs besoins, leurs profils : catégorie socioprofessionnelle (CSP), motivations, comportements d'achat, habitudes de vie… ?

Quels sont les prescripteurs ou personnes pouvant influencer les achats ?

Quels sont les moments et les lieux de l'échange ?

Quels sont les moyens d'information utilisés ?

Ce qui est consommé : quelles quantités et quelles fréquences ?

La durée de vie du produit ou service

L'offre

Quelle est l'offre globale (concurrence directe ou indirecte) ?

Forces et faiblesses de la concurrence (facteurs de succès ou de risque dans la profession)

Évolution des parts de marché des différents acteurs de la distribution

----

Connaissez-vous la taille de votre marché ?
Par région ?

Par catégorie de consommateurs ?

Par types de produit ou de service ?

Par canaux de distribution ?

L'environnement

Quel est l'environnement du produit ou du service ?

Y a-t-il une place pour de nouveaux venus sur ce marché ?

Organisation du marché

Comment est organisée la filière ?

Quels sont vos principaux fournisseurs ?

Des variations saisonnières affectent-elles votre marché ?

Autres facteurs pouvant avoir une influence sur le secteur

Nature du marché

Local (point de vente de proximité, service de proximité) ❑

Régional ❑

National ou international ❑

Diffus (la clientèle vient de partout) ❑

Permanent ou saisonnier ❑

Comparez votre idée de départ avec les résultats de votre étude macroéconomique (demande, offre, environnement...) et tirez-en les conséquences !

Une **étude** de **terrain**

4

L'ÉTUDE MACROÉCONOMIQUE débouche sur l'étude de terrain : le repérage sur les lieux de la ville ou de la région afin d'ouvrir une boutique, de prospecter une clientèle d'entreprises, de proposer des services à des particuliers…

C'est l'étude centrale de votre projet : vous devez mener enquête après enquête, en finissant par les études qualitatives et quantitatives, les tests, qui doivent appuyer votre enquête de terrain préalable.

Une démarche en six étapes

1. Étude documentaire sur les lieux professionnels de la ville ou la région.
2. Rencontre d'un maximum d'experts de votre domaine.
3. Repérage des clients ou prescripteurs suivi d'une enquête (interviews).
4. Analyse des concurrents (nombre, localisation, dimension, ancienneté, performances…).
5. Études qualitatives et quantitatives pour affiner l'enquête.
6. Tests éventuels : maquette, prototype, point de vente pilote…

Une étude documentaire sur le terrain

Partant des informations macroéconomiques déjà réunies, vous allez maintenant affiner votre analyse au niveau d'un département, d'une région, d'une ville.

p. 89

Sources : *ratios de la FCGA, Fédération des centres de gestion agréés par région, indices IDC, indices de disparité de la consommation, statistiques des fédérations avec la répartition géographique de leurs adhérents...*

Vous complétez avec des données recueillies directement sur le terrain : observation sur le lieu de vente, récolte de prospectus, de catalogues, de revues et brochures, de documents diffusés par la municipalité, repérage des concurrents à partir d'annuaires, du minitel et d'Internet, de listings consulaires, visite de salons, d'expositions ou de manifestations professionnelles.

Par exemple, si vous voulez tester une nouvelle marque de café, privilégiez les départements du Nord où l'on consomme davantage cette boisson.

Remarque : vous envisagez la distribution de produits sur la France entière et vous avez du mal à effectuer une étude sur une échelle plus fine ? Dans ce cas, pourquoi ne pas choisir une zone test, la plus réceptive possible ? De même, en cas de clientèle diffuse (par exemple : la vente de formations standard à des entreprises non ciblées, du type « motiver votre personnel »), menez votre enquête en vous focalisant sur une ou deux régions (la vôtre et celle où votre réseau peut servir de relais, etc.).

Des interviews d'experts

L'un des objectifs d'une étude de marché c'est d'avoir des avis, remarques, suggestions, conseils. Cela permet de vérifier la validité des informations recueillies par ailleurs… et oblige à revoir ses *a priori* !

Privilégiez les rencontres avec tous ceux susceptibles de connaître le marché du fait de leur situation professionnelle ou sociale. Voici une liste non exhaustive de ces personnes :

- assureurs ;
- élus professionnels ou locaux ;
- voisins ;
- fabricants ;
- notables ;
- jeunes créateurs ;
- syndicats ;
- banquiers ;
- conseillers en création d'entreprise ;
- concurrents ;
- franchisés et franchiseurs ;
- autres prestataires de services complémentaires ;
- fabricants et fournisseurs ;
- revendeurs et grossistes ;
- donneurs d'ordre ;
- gestionnaires de centrales d'achats ;
- agents commerciaux ;
- spécialistes du recrutement dans le secteur…

Décrocher un rendez-vous par téléphone est tout un art… qui s'apprend. N'hésitez pas à suivre une formation dans ce domaine ou à sous-traiter cette activité.

Exemple d'expert : l'APS, Association professionnelle de solidarité du tourisme est un organisme de garantie collective qui compte de nombreuses agences de voyage parmi ses adhérents et qui est bien introduit auprès de cette profession: www.tourisme-aps.com

Les interviews : une bonne occasion de se roder, de préparer une argumentation, d'apprendre à parler de son entreprise ! Si vous n'arrivez pas à obtenir un rendez-vous, à communiquer à ce stade, il faut sans doute vous poser des questions.

Rien ne remplace les contacts directs. Questionnaires auprès de consommateurs, entretiens avec des professionnels de l'activité comme les donneurs d'ordre, les prescripteurs, les fournisseurs...

Autant d'informations précieuses sur le marché, par ses acteurs ou par des personnes qui connaissent bien le secteur ! Il est aussi important que vous parliez de votre projet à des professionnels de la création d'entreprise. Ceux-ci sont tenus au secret professionnel ; ils vous apporteront un regard extérieur, avisé et neutre, indispensable pour avancer dans vos recherches et éviter des erreurs.

C'est également le moment, si votre idée est innovante, dans son produit, service ou concept, de prendre des précautions d'usage, qui vous permettront, le cas échéant, de prouver que vous étiez bien à l'origine de cette idée. Cela peut consister à déposer auprès de l'INPI une enveloppe SOLEAU, ou à effectuer un dépôt en ligne auprès d'un site spécialisé, par exemple, le site de la SGDL (Société des gens de lettres) — *www.cleo-sgdl.org*, ou celui de Cyberprotec, *www.cyberprotec.com*.

▷ Le repérage des clients

Il s'agit d'évaluer la nature et le nombre de personnes ou de ménages rapportés à une zone géographique parmi lesquels pourra se trouver votre clientèle potentielle.

Sources : *INSEE (recensement de la population), mairies, entreprises privées qui vendent des fichiers, fichiers de La Poste, annuaires spécialisés, données géomarketing…*

Les dénombrements doivent être faits par critères : âge, sexe, catégorie socioprofessionnelle (CSP), type d'habitat (neuf/ancien, propriétaire/locataire), niveau de revenu, etc. Ils peuvent porter sur les résidents d'une zone mais aussi sur leurs déplacements. Cette information permet d'apprécier de manière quantitative la consommation potentielle sur une zone géographique, en particulier si vous connaissez la quantité moyenne consommée par personne ou par ménage.

La Poste offre des services aux créateurs d'entreprise comme « Postcible », qui permet d'envoyer des courriers ciblés aux particuliers (sexe, âge, habitat...) ou aux entreprises (activité, effectifs, chiffre d'affaires) – www.laposte.fr *puis espace entreprise puis solutions courrier.*

Ce type d'information vous permettra de définir les catégories de clients à partir desquelles vous pourrez faire l'analyse des couples produit/marché et orienter le choix de vos cibles de clientèle.

L'outil ODIL de l'Insee permet le repérage des clients par zone géographique (voir annexe 1). Le site du Minefi donne l'accès aux seuils d'imposition par commune (www.budget.gouv.fr impôts et fiscalité/les impôts en chiffres/impôts du particulier/IR par commune).

Observations et interviews des clients potentiels

Buts : repérer les attentes, attitudes ou comportements. Avoir des réactions par rapport à des produits ou services. Engager la négociation commerciale.

Moyens : observation extérieure (par exemple dans un lieu commercial ou public), contact et interview de certains clients potentiels.

À ce niveau de recherche, vous aurez recueilli la majorité des informations intéressantes pour votre projet. Ces différentes démarches sont à la portée de tout entrepreneur.

Exemples : compter le nombre de passants sur tel trottoir, questionner un responsable d'achat d'une entreprise sur les montants et fréquences d'approvisionnement d'une matière première, observer l'attitude des consommateurs dans un grand magasin, interroger un chef d'entreprise sur les perspectives d'avenir, faire goûter ou manipuler votre produit, mener une enquête de satisfaction à la sortie d'un restaurant…

Par exemple, les retraités de plus de 70 ans demeurant dans une agglomération de plus de 50 000 habitants ou bien les entreprises du bâtiment faisant du génie climatique, situées dans la région Aquitaine, constituent des catégories de personnes et d'entreprises qui peuvent se repérer et se distinguer d'autres catégories.

L'important est de poser des questions et d'accepter toutes les réponses, qu'elles soient positives ou négatives, sans chercher à influencer vos interlocuteurs.

Déterminer les cibles de clientèle : le couple produit/marché

Il s'agit de choisir un ou plusieurs **couples produit/marché** à la lumière des informations recueillies et en fonction de vos ressources comme de vos compétences. Commencez par analyser les différentes catégories de clientèle : personnes, entreprises ou organismes repérés suivant certaines de leurs caractéristiques.

Critères de segmentation pour une clientèle

Une clientèle d'entreprises « B to B »	Une clientèle de particuliers « B to C »
	Âge
Secteur d'activité	Sexe
Taille de l'entreprise	Activité
Localisation géographique	Situation de famille
Spécialité technologique	Nombre d'enfants
Indépendance des capitaux	CSP (catégorie socioprofessionnelle)
Degré d'innovation	Tranche de revenus
Ancienneté sur le marché	Type d'habitat
Etc.	Localisation
	Etc.

Cette **segmentation** de la clientèle va être ensuite rapprochée de l'analyse des différentes catégories de produits ou services que vous pouvez réaliser et proposer à partir de votre métier. **À chaque croisement entre un produit et une catégorie de clients correspond un couple produit/marché**.

EXEMPLE

Un artisan plombier peut s'adresser à différents types de clients : des particuliers propriétaires de leur maison individuelle, des administrateurs d'immeubles, des locataires, des entreprises... Son métier lui permet d'envisager de proposer plusieurs services : installation de chauffage, services type « SOS dépannage », entretien d'immeubles ou d'usines, petites installations sanitaires, etc. À partir de cette analyse, il réfléchira aux croisements, aux couples possibles. Il choisira, à la lumière des informations de son étude de marché, celui ou ceux qui lui apparaîtront les plus intéressants et les plus accessibles pour réaliser ses objectifs, à court et moyen terme, de développement, de rentabilité, en tenant compte, bien sûr, de ses ressources, de son savoir-faire et aussi de ses envies.

Exemple de matrice d'analyse appliquée au métier de plombier

Produits / Clients	Grosses installations	SOS dépannage	Entretien	Petites installations
Propriétaires en maisons individuelles				
Propriétaires en immeubles collectifs	Impossible			
Administrateurs et syndics	Impossible			
Promoteurs		Impossible	Impossible	Impossible
Entreprises				

À votre tour, vous choisirez les croisements les plus favorables à votre entreprise pour assurer son développement, sa rentabilité et sa pérennité.

Comme pour l'étape précédente, cette analyse et ces choix de créneaux doivent vous conduire à revoir progressivement la définition de vos produits ou services.

Pour repérer les segments, concentrez-vous sur les questions suivantes :

- Le volume de clients sur ce segment est-il suffisamment important pour faire tourner l'affaire (chiffre d'affaires potentiel) ? Sinon, faut-il d'autres couples produits/marchés dès le départ ? Lesquels ?
- Le marché peut-il encore se développer ? Quels sont les besoins à satisfaire ?
- Peut-on se doter de moyens suffisants pour répondre à cette demande (matériels, ressources humaines, technologiques) et quels sont les impacts financiers ?

Le repérage des concurrents sur le terrain

Il s'agit d'établir la carte de géographie quantitative et qualitative de votre concurrence directe et indirecte. Les concurrents directs de l'artisan maçon sont les autres artisans maçons, un concurrent indirect sera la grosse entreprise du bâtiment qui propose des maisons clés en main ou le bricoleur qui construit lui-même sa maison. En effet, vous devez aussi tenir compte **des produits de substitution**. Il existe souvent une alternative à la consommation de votre produit ou service : la machine à laver personnelle évite de se rendre à la laverie libre-service, le détenteur d'un *home cinema* aura moins tendance à fréquenter les salles obscures, celui d'un portable 3D va délaisser son iPod…

L'observation détaillée de la politique commerciale de vos concurrents pourra vous apprendre beaucoup de choses sur les attentes de la clientèle et sur la place que vous pourrez prendre pour y répondre en vous différenciant d'eux.

Plus difficile à cerner est l'arbitrage que fait un acheteur potentiel entre deux produits ou services de nature dissemblables. Ainsi, les boutiques de prêt-à-porter pour jeunes ont souffert à la fin des années 1990 de la concurrence… du téléphone portable, le budget des adolescents ayant fait l'objet d'arbitrages en faveur des nouvelles technologies de communication.

Sources : *les concurrents eux-mêmes, leurs clients, leurs fournisseurs et leurs distributeurs, l'observation du terrain, les organismes qui publient les comptes et bilans des sociétés déposés au greffe du tribunal de commerce* (www.infogreffe.fr, www.societe.com, www.bil.fr, *etc.*).

La carte quantitative sera constituée par l'observation de la population de vos concurrents comme nous l'avons vu pour la clientèle : nombre, dimension et localisation. L'utilisation d'un plan ou d'une carte va vous aider à matérialiser cette information.

Vous voulez mieux connaître le fonctionnement de la concurrence ? La franchise peut donner des résultats étonnants et permettre de recueillir de précieuses informations. Une autre méthode consiste à se faire passer pour un client.

La carte qualitative comportera toutes les informations officielles ou non sur vos concurrents, au moins pour les plus importants d'entre eux :

→ différentes activités ;

Exemple de carte

mappy.com

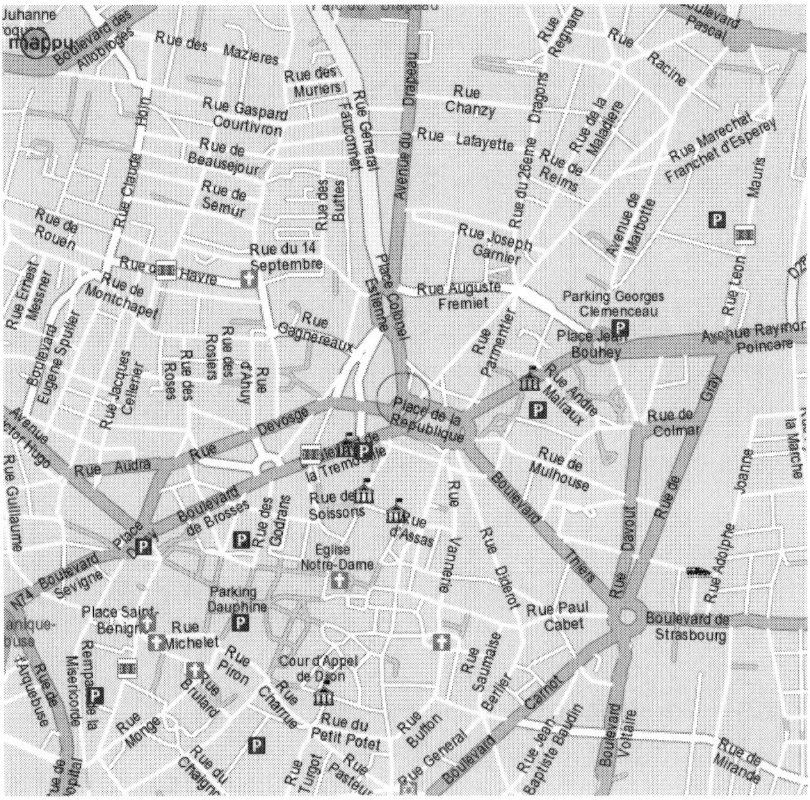

© Mappy – Données TeleAtlas.

- → importance de chacune d'entre elles ;
- → stratégie ;
- → politique commerciale ;
- → structure et organisation ;

→ caractéristiques des dirigeants ;

→ résultats ;

→ points forts et points faibles, etc.

Si les informations que vous avez pu recueillir ne suffisent pas à couvrir totalement vos besoins, vous pourrez être amené à envisager une nouvelle étape : l'enquête par questionnaire, mini-test, ou les études qualitatives et quantitatives.

Moins lourd que le questionnaire, un mini-test sur un point précis d'une enquête peut être réalisé de façon souple (au téléphone auprès d'un échantillon restreint ou en mailing fax ou courrier auprès d'un échantillon plus développé). Il permet la validation d'une information particulière.

Des études qualitatives et quantitatives

L'objectif est d'affiner, de compléter les informations macro et micro obtenues par ailleurs.

L'étude qualitative consiste à questionner de façon approfondie un nombre restreint de « consommateurs pressentis » : une vingtaine, par exemple. Son but : connaître non seulement leurs besoins mais aussi, et surtout, leurs comportements, leurs attitudes, leurs motivations, leurs freins. En d'autres termes, il s'agit de comprendre « le pourquoi du comment » de leur achat éventuel. Pour mettre au point le guide d'entretien d'une enquête qualitative, à partir de questions ouvertes, et ensuite l'employer, le recours à un spécialiste du marketing est nécessaire, chaque entretien pouvant durer une demi-heure, voire plus.

Les études qualitatives *analysent en profondeur les comportements et les motivations de quelques consommateurs.* ***Les études quantitatives*** *mesurent au moyen de statistiques le comportement et les opinions de nombreux consommateurs.*

Étude « quali » ou étude « quanti » ? L'étude « quanti » est lourde, onéreuse et mal adaptée – en général – aux projets des créateurs. Privilégiez les études « quali ».

L'étude quantitative permet de questionner brièvement un nombre important de cibles — 200 à 300 personnes par exemple —pour estimer, par extrapolation, grâce à la représentativité statistique, le nombre de clients et d'achats.

L'établissement d'un questionnaire pour une enquête quantitative — où chaque entretien ne dépasse guère 2 à 3 minutes — et l'utilisation de celui-ci peuvent être réalisés par vous-même si la population est bien ciblée et homogène.

	QUALITATIF	QUANTITATIF
Forme	**Entretien**	**Sondage**
Objectifs	Mieux comprendre les attentes et les motivations pour définir des hypothèses de vente — recueillir des impressions	Vérifier une hypothèse et mesurer son impact auprès de la population
Exemples d'objectifs	Comment la voiture hybride est-elle perçue du grand public ?	Le pourcentage de Français qui se disent prêts à acheter une voiture hybride
Cible	Petit groupe d'individus	Échantillon représentatif ou grand groupe d'individus
Contact	Entretien individuel ou par petit groupe	Face à face ou téléphone, courrier, Internet
Support	Trame d'entretien, prise de notes ou questionnaire	Questionnaire
Questions	Ouvertes et fermées	Fermées et à choix multiples
Traitements des résultats	Qualitatif	Statistiques
Coût	10 000 à 20 000 € avec un cabinet spécialisé Deux à trois fois moins cher grâce à une junior entreprise	Une étude quantitative peut démarrer à 50 000 € en sous-traitant à des sociétés spécialisées dans les sondages

Certaines de ces techniques sont bien connues du grand public, elles sont adoptées par des instituts de sondage (Tns-Sofres, Ipsos, Secodip, Cetelem…).

p. 178

Quand faire une étude ?

Les études quantitatives sont généralement réservées aux produits de grande consommation. Vous n'avez pas toujours besoin d'en faire une, car la presse s'en fait largement écho quand elle a déjà été réalisée par un tiers. Tout dépend de votre type de projet… et de vos moyens ! Vous pouvez sous-traiter ce travail à des cabinets spécialisés, ou faire appel aux étudiants d'une junior entreprise.

En revanche, vous pouvez faire vous-même une enquête qualitative, questionnaire à l'appui, en étant très prudent sur la méthode utilisée. Vous pouvez par exemple réaliser des **mini-tests** au téléphone auprès d'un échantillon restreint ou en mailing fax auprès d'un échantillon plus développé. Vos objectifs : valider une information précise, mesurer l'écho d'une proposition particulière... Études « quanti » et « quali » supposent d'élaborer un questionnaire.

▷ Le questionnaire

Voici la méthode à employer :

1. Définir les **objectifs** :

   Que voulez-vous exactement savoir ? Un spécialiste peut-il vous aider à mieux le définir ? Quel est précisément le problème à résoudre ?

   Exemples d'objectif :

   → connaître une fréquence d'achat ;

Le questionnaire est une technique d'étude délicate à maîtriser : faites appel à un prestataire extérieur. Bien réalisé, il vous donnera des informations précieuses. Conduit avec incompétence et manque de rigueur, il peut vous mener à des résultats trompeurs.

Attention, pour beaucoup de créateurs d'entreprise, l'étude de marché se résume à un questionnaire. Établi sans connaître les règles de l'art, conçu le plus souvent pour recueillir des avis plutôt favorables au projet, c'est l'alibi pour se lancer... et aller droit dans le mur !

- → mesurer le prix d'acceptabilité ;
- → mener une enquête de satisfaction auprès de la clientèle d'un concurrent ;
- → vérifier le type de presse lue par la clientèle.

Ne retenez que deux ou trois objectifs à la fois pour simplifier la rédaction et l'exploitation du questionnaire.

2. Ne faire vous-même l'enquête que si la population enquêtée est bien ciblée, homogène et de petite taille.

   Exemples :
   - → les garagistes d'un département ;
   - → les gérants de restauration rapide d'une ville ;
   - → les grossistes d'une profession ;
   - → les propriétaires de résidence secondaire sur tel canton ;
   - → les clients des trois boutiques de commerce équitable de tel arrondissement de Paris.

   La méthode d'échantillonnage retenue doit permettre ensuite de déterminer le nombre de personnes à interroger. C'est souvent la méthode des quotas qui est choisie : elle permet d'abaisser le nombre d'interviews à moins d'un millier.

3. Posez des questions sur des faits (« Combien ?», « Quand ?», « Où ? »...) récents, vérifiables ou sur des évaluations de coût

(« Au-dessus de quel prix ce produit est-il trop cher ? » ; « Au-dessous de quel prix est-il de mauvaise qualité ? »).

Évitez les questions sur les opinions ou les intentions qui demandent des techniques particulières. *A contrario*, il faut éviter également les questionnaires avec des réponses trop tranchées de style « oui » ou « non ».

4. Posez des questions conduisant à des **réponses précises** (questions fermées ou à choix multiple). Les questions ouvertes sont beaucoup plus difficiles à formuler et à interpréter, mais elles font ressortir davantage d'informations.

   Exemple de question fermée :

   « Avez-vous l'intention d'acheter un appareil photo numérique ?

   Exemple de question à choix multiple (QCM) :

   « Vous utilisez votre messagerie sur Internet :

   → tous les jours ;

   → plusieurs fois par semaine ;

   → une fois par semaine ;

   → deux fois par mois ;

   → moins d'une fois par mois ».

   Exemple de question ouverte :

   « Le commerce équitable, c'est quoi pour vous ? »

Le questionnaire ne devrait pas être administré par le porteur de projet que vous êtes... car bien souvent, on n'osera pas vous répondre franchement. Sous-traitez ce travail !

5. Rédigez des **questions simples**, sans équivoque, dans un style clair et précis, compréhensible pour tout le monde. Le questionnaire ne doit pas être trop long, en moyenne comptez deux à dix minutes pour une interview, pas plus.

La méthode de l'entonnoir permet de commencer l'interview par les questions les plus générales et de finir par les plus précises, qui relèvent parfois de la vie intime.

6. Programmez **un ensemble court** (2 à 3 pages maximum) de questions logiques en allant du plus simple au plus compliqué. Les questions impliquant les personnes interrogées, si elles sont jugées nécessaires, devront être posées plutôt à la fin : profession, âge, revenu, etc. en évitant les questions trop indiscrètes.

7. Choisissez un **mode d'administration direct et ciblé** : visite sur le lieu de vente, téléphone plutôt que courrier ou interrogatoire dans la rue, et de préférence par une autre personne que l'entrepreneur.

   Le tableau ci-contre propose les principales formes d'enquêtes par questionnaire, les avantages et les contraintes ou difficultés qu'elles engendrent.

Sur le site www.creatests.com, *vous avez la possibilité de réaliser, en ligne, une étude de marché grâce à l'exploitation d'un questionnaire. Vous pouvez aussi consulter les études déjà réalisées.*

8. Rendez votre enquête **fiable**. Plus votre population sera ciblée, plus l'échantillon sera représentatif.

9. Demandez l'avis d'une personne étrangère au projet et compétente. Testez le questionnaire sur quelques personnes avant de le diffuser largement.

10. Sachez dépouiller et analyser les résultats. Le dépouillement des résultats nécessite un long travail de saisie et d'analyse ; il existe des logiciels spécialisés... ou des applications maison ! On peut cependant faire appel au service d'une junior entreprise ou à des spécialistes rodés dans le traitement des résultats selon différentes méthodes (tris à plats, tris croisés, moyennes). On trou-

vera des exemples sur le site APCE, rubrique « réaliser un questionnaire ». Des graphiques mettront en valeur les résultats qui alimenteront le rapport d'enquête sur l'étude de marché.

Méthodes d'administration du questionnaire

Nature	Avantages	Inconvénients
Face à face	Mener une enquête qualitative avec un nombre restreint de personnes représentatives de la cible visée. Idéal pour tout entendre et obtenir le maximum d'idées.	Cela prend du temps et nécessite un bon contact relationnel.
Courrier	Gain de temps.	Frais postaux importants. Taux de retour assez faible (5 % en moyenne). Le questionnaire ne souffre aucune ambiguïté, les questions sont claires voire réductrices.
Internet Exemples de sites d'études en ligne : *www.creatests.com* *www.opremys.net*	Rapidité. Économie (de 1 000 à 12 000 € par opération avec des solutions en Application Service Providing ou logiciel spécialisé).	Réservé plutôt à des études quantitatives, plus faciles à manipuler à distance. Les internautes ne sont pas encore représentatifs de toute la population. Le questionnaire doit être ultra simple, court, clair.
Téléphone	Fort taux de réponse avec un courrier préalable et des enquêteurs formés à des techniques idoines.	Faire appel à des prestataires spécialisés (centre d'appels...) Conversation de durée limitée.

Test et prospection commerciale

Dernière étape de votre étude sur le terrain : la mise en situation réelle, avant le lancement de l'activité, c'est-à-dire la présentation à votre future clientèle, à vos prospects, de votre produit (sous la forme d'une maquette, d'un prototype ou d'un échantillon...) ou du service (son descriptif précis).

Cette étape peut également poser le problème de la protection d'une idée innovante, celle-ci pouvant être aussi bien sous forme d'un service rendu que d'un produit tangible. Protégez votre idée par le dépôt d'un brevet, d'un modèle, d'une marque, d'un document descriptif ou de tout autre élément caractéristique de l'innovation. Source d'information : INPI, Institut national de la propriété intellectuelle www.inpi.fr

Cette matérialisation vous permettra de comparer votre idée aux produits ou services existants, d'avoir des avis et opinions sur sa validité, de tester son intérêt commercial et de procéder à sa mise au point progressive pour en obtenir les caractéristiques définitives.

La validation des couples produit/marché et du positionnement devrait consister à mettre sur le marché, de manière limitée, vos produits ou services pour vérifier si vos clients les achètent et comment ils les apprécient.

Malheureusement, cette validation se heurte à une difficulté : l'entreprise n'existe pas encore réellement ! Suivant le type d'activité et la forme des rapports commerciaux entre votre future entreprise et ses clients, cette vérification peut se faire malgré tout dans certains cas.Ainsi, si vous avez à démarcher directement votre clientèle pour faire des offres de services et prendre des commandes vous pouvez commencer votre **prospection** ; en même temps vous contactez vos clients pour votre étude de marché. De même, vous pouvez réaliser un **document de présentation commerciale** de vos produits ou services et le diffuser auprès de la clientèle que vous avez ciblée pour avoir en retour des demandes de renseignements ou même des intentions d'achat.

Le risque est moins grand d'engager à fonds perdus – si le projet n'aboutit pas – quelques frais de commercialisation et de communication, que de lancer l'activité sur des bases trop floues et de risquer de perdre tous les investissements correspondants.

En revanche, si vous voulez ouvrir un commerce, il ne vous sera pas possible de proposer vos produits avant d'avoir ouvert votre boutique et donc d'avoir créé votre entreprise.

L'essentiel est d'anticiper le plus possible l'action commerciale avant de prendre la décision définitive de lancement de l'activité. Cela permet de s'assurer que cette décision s'appuie sur des perspectives d'activité concrètes et non pas sur de vagues intuitions souvent trompeuses.

Rien ne vous empêche d'engager votre action commerciale, de réaliser et de diffuser des documents promotionnels et de prendre des commandes avant de vous lancer, dans la mesure où vous avez bien su négocier avec vos clients.

À ce stade, la seule chose que vous ne puissiez pas faire, c'est d'établir une facture avant d'avoir le statut juridique (et donc un numéro Siret) vous donnant la capacité de le faire.

De plus, cette anticipation permettra sans doute de raccourcir la durée de la période **d'apprentissage de la clientèle**, c'est-à-dire le temps nécessaire pour apprendre à travailler avec le nouveau fournisseur : vous ! Vous n'existez pas sur le marché et vos futurs clients s'adressent à d'autres entreprises. Il va falloir qu'ils changent leurs habitudes !

Cette étape du démarrage de l'activité est un des moments les plus délicats de la vie d'une entreprise, en particulier du fait du retard que peut prendre le développement des commandes par rapport aux charges que vous avez pu engager (et donc du BFR à financer...).

La préparation de la clientèle, l'engagement des relations commerciales le plus tôt possible, l'anticipation des commandes, font partie des meilleures garanties de réussite d'un projet.

Cette validation préalable des couples produit/marché choisis, dans la mesure bien entendu où elle est réalisable, devra se faire très tôt, avant d'avoir pris la décision définitive de lancement et, de toute façon, avant d'avoir engagé vos investissements et les charges correspondantes (*cf.* schéma d'anticipation commerciale ci-contre).

Schéma d'anticipation commerciale

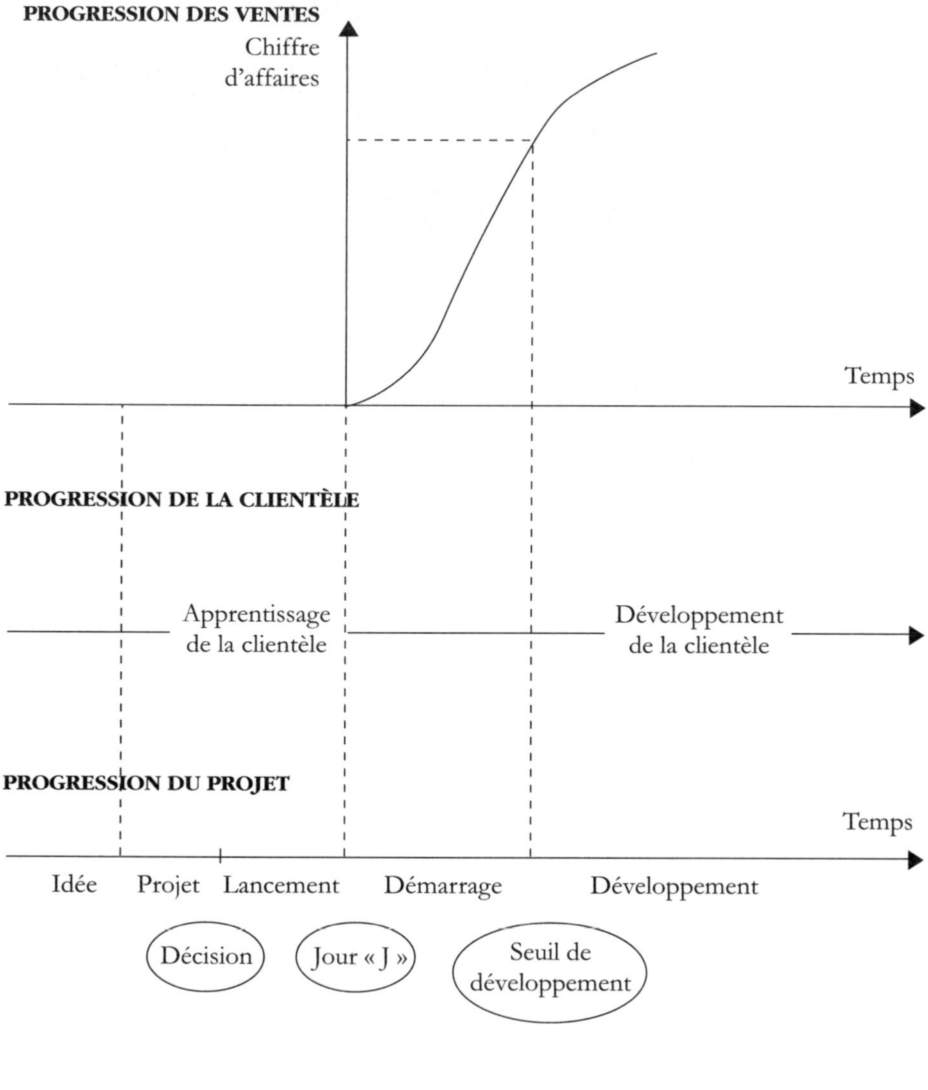

Méfiez-vous de votre idée de départ : **n'hésitez pas à *en changer*** voire à ***transformer* votre projet** suivant **les *enseignements* de** l'étude **de terrain**

Étude de terrain

Analyse de la concurrence

Quels sont vos concurrents ?

Pouvez-vous les localiser ?

Connaissez-vous leurs parts de marché ?

- -
- -
- -
- -
- -

Sont-ils en expansion ?

- -
- -
- -
- -
- -

Quelle est leur image ?

- -
- -
- -
- -
- -

Comment vendent-ils ?

- -
- -
- -
- -
- -

Font-ils de la publicité ?

- -
- -
- -
- -
- -

Utilisent-ils une force de vente ? Laquelle ?

Proposent-ils un service après-vente ?

Quelle est leur politique de prix (prix, rabais, remise, carte de fidélité ?)

Quels sont les critères d'achat de la clientèle (prix, services, image, délais, qualité…)

Des exemples *d'études* de marché

5

AU-DELÀ DE LA MÉTHODOLOGIE commune (étude macro, étude de terrain...), votre étude de marché doit s'adapter à votre clientèle. Il existe quatre types de clientèle : clientèle identifiable et limitée en nombre, clientèle localisée, clientèle diffuse, et clientèle de grande consommation.

Dans le premier cas, votre clientèle est facile à repérer et à prospecter, vous négociez directement avec elle. Dans le deuxième, l'approche de votre clientèle est liée au choix d'une implantation judicieuse, mais c'est le client qui doit faire le premier pas. Pour ce qui est du troisième type de clientèle, la nécessité de passer par des relais d'informations (prescripteurs, presse, leaders d'opinion), peut retarder les réactions de vos clients auprès desquels vous ne pourrez pas intervenir directement. Enfin, quant au dernier, la mise en place de circuits de distribution et de moyens de communication entraîne des délais longs entre vos décisions et leurs répercussions sur votre clientèle.

Nous allons reprendre chaque type d'étude en le détaillant et en l'illustrant par des exemples.

Types de clientèle	Exemples choisis
Clientèle identifiable et en nombre limité	Conception de sites Internet pour des maisons de retraite
Clientèle localisée	– Terminal de cuisson de boulangerie – Crèche pour enfants de moins de 3 ans
Clientèle diffuse	Peintre décorateur
Marché de grande consommation	Distribution de tablettes de chocolat au champagne

Clientèle identifiable en nombre limité

Vous allez proposer des produits ou des services à une clientèle que vous pourrez identifier au moyen **de fichiers**, de listes comportant des noms et des adresses (en nombre relativement limité, jusqu'à quelques centaines).

Pour ce type de clientèle, l'étude de marché est la plus facile à réaliser : la cible est toute trouvée. Multipliez les interviews et les contacts directs !

Exemples :

→ vente de produits ou services (matières premières, composants, équipements, services, conseils, formations, etc.) destinés aux entreprises ou aux organismes d'une branche ou d'un secteur bien déterminé ou localisés dans une zone spécifique. Exemple : les agences de communication événementielle en Île-de-France ;

→ vente aux grossistes, détaillants, centrales d'achat, grands magasins, de produits ou services destinés aux particuliers. Exemple : les centrales d'achat en pharmacie ;

→ vente de produits ou services spécialisés destinés à une clientèle très limitée de personnes qui peuvent être repérées du fait de leur statut social ou professionnel : artistes, sportifs, hommes politiques, professions libérales, restaurateurs, directeurs de centres équestres, etc. Exemple : les ostéopathes.

Si vous êtes dans cette situation, votre étude de marché va surtout consister à **contacter vos futurs clients** pour obtenir directement les informations sur leurs besoins et sur toutes les caractéristiques du marché qu'ils représentent. Cette recherche d'information directe sera en même temps le début de votre **prospection commerciale** et devra vous conduire tout naturellement à engager les négociations qui amèneront vos premières commandes.

Retrouvez le mode d'emploi de la constitution d'un fichier commercial grâce à Patrick Visier, l'un des pionniers du marketing direct : www.dpv.tm.fr

Vous allez recourir à des techniques de **marketing direct** pour communiquer avec vos clients, et la première de vos démarches sera de constituer un **fichier de clients**.

p. 175

Constituer un fichier

Comment se constituer un fichier de clients (particuliers, entreprises, administrations, collectivités) ou de prescripteurs ?

Les règles de prospection pour le « B to B » :

450 prospects

↓

45 prospects actifs

↓

9 devis

↓

3 affaires

Source : www.dcmg.fr

Vous devez déclarer votre fichier à la CNIL, Commission nationale de l'informatique et des libertés, qui a pour mission de veiller au respect de la loi du 6 janvier 1978 dite « loi informatique et liberté » et de protéger ainsi la vie privée et les libertés individuelles ou publiques de chacun : www.cnil.fr

La solution est d'établir un premier fichier à partir de vos relations personnelles puis de le compléter grâce à un fichier acheté ou loué dans le commerce. Dans le premier cas, il ne faut pas hésiter à faire preuve de curiosité et de bon sens. « Par exemple, les journaux de petites annonces représentent des mines d'or pour se constituer un fichier. Vous y trouverez une foule d'informations sur la cible que vous souhaitez atteindre » (source : interview de Patrick Visier, *cf.* site de l'APCE, rubrique « toute l'actualité »).

Une seconde liste de prospects sera établie grâce à des fichiers achetés ou loués à des sociétés spécialisées (vous avez un droit d'usage unique pour une location, ou la possibilité de réutiliser le fichier lors d'un achat). Les prix sont fonction de la rareté du fichier et des volumes consommés. Par exemple, pour un fichier de 1 000 entreprises : comptez de 80 à 300 €.

Contacts : www.gfm.fr, *site du Guide des fichiers et du marketing.*
Syndicat national de la communication directe www.sncd.org
www.laposte.fr
Le salon du marketing direct : www.md-expo.com

Un problème peut se poser si ces fichiers comportent un nombre important de noms. En effet, il vous sera difficile de contacter tous vos clients potentiels s'il y en a plusieurs centaines. Vous serez obligé de faire une **sélection**. Plusieurs méthodes sont possibles dans ces cas-là. Vous pouvez faire une première coupe par téléphone en vérifiant si les clients sont intéressés *a priori*. Vous pouvez aussi effectuer une sélection géographique ou par spécialisation d'activité, etc. En revanche, il n'est pas conseillé de le faire par courrier postal, les conclusions que vous pourriez en tirer étant laissées au bon vouloir de ceux qui répondent.

Les clients a priori *intéressés sont les prospects « actifs ».*

Ces contacts seront complétés par une étude approfondie des éléments de l'offre et de l'environnement.

p. 28

Il vous faudra aussi préciser ces informations par une étude documentaire et par la rencontre d'experts afin de vérifier les principales tendances du marché.

Choisir une technique de marketing direct

Les supports sont nombreux pour contacter les clients à partir d'un fichier :

- → courrier électronique ou *e-mailing* ;
- → *fax mailing* ;
- → imprimé sans adresse ;
- → courrier postal (marketing postal) ;
- → publipostage, qui regroupe dans un même envoi plusieurs offres d'annonceurs distincts ;
- → téléphone (marketing téléphonique) ;
- → SMS, petit message textuel, qu'on peut envoyer sur un portable ;
- → visite sur place…

D'après les professionnels, le mailing *peut être privilégié quand le service proposé est très pointu, la cible bien définie. En cas de service plus banalisé, c'est l'approche relationnelle qui doit être utilisée en priorité pour obtenir un rendez-vous commercial afin de présenter son savoir-faire.*

Le démarchage d'une clientèle d'entreprises est souvent délicat, mais riche d'enseignements.

Obtenir un rendez-vous

> *Comment passer le barrage de la secrétaire et obtenir un rendez-vous ? Certains cherchent à mettre l'assistante de leur côté, afin qu'elle donne un conseil, qu'elle soit impliquée. D'autres n'hésitent pas à franchir les portes de l'entreprise après 18 heures ou à se rendre sur place pour négocier un rendez-vous directement.*
> *Une introduction (j'appelle sur les conseils de ...) est un atout.*

L'idéal est bien sûr le contact *de visu* avec un prospect, lors d'un entretien.

Quelques trucs pour rencontrer des décideurs : vous évoquez le partenariat et non une offre de service ; vous menez une enquête avant de créer ou non votre entreprise, sur les besoins d'un marché ; pour cela, vous faites appel aux conseils d'experts avisés (vos interviewés !). Vous évitez de « résoudre un problème », vous utilisez les termes de votre interlocuteur, vous ne parlez pas (encore) de prix. Certaines personnes n'hésitent pas à se rendre sur place pour solliciter un rendez-vous d'une durée limitée (15 minutes... mais si le contact passe, vous resterez plus longtemps).

En résumé

Étude de marché pour une clientèle identifiable

- exploitation des fichiers de clients potentiels ;
- recherche documentaire et contact d'experts ;
- étude de la concurrence ;
- enquête-prospection directe auprès des clients : on doit tester sa capacité commerciale au stade de la préparation minutieuse de son projet.

LA VENTE DE SERVICES MULTIMÉDIA À DES MAISONS DE RETRAITE

Depuis toujours, Lucien F. est mordu d'informatique ; il se passionne à ses heures perdues pour Internet. Cela fait 17 ans qu'il est infirmier. Il a travaillé de nombreuses années dans une maison de retraite de Moulins. En 2001, il donne sa démission et décide désormais de vivre de sa passion. Il suit plusieurs formations multimédia, assiste bénévolement un copain qui conçoit des sites Internet, met en place le site d'une association de parents d'élèves. Une idée germe dans son esprit : permettre à des maisons de retraite, milieu qu'il connaît bien, de mieux valoriser leur image et leur communication (qu'il juge très médiocre voire inexistante) en les aidant à concevoir des sites Internet.

1. Étude macroéconomique

Lucien prend soin de faire une étude macro et documentaire sur le secteur des maisons de retraite, leurs prestations, leurs clientèles, leurs situations économiques.

La cible est facilement identifiable et le fichier est constitué sans peine : il existe des listes de maisons de retraite auprès des services sociaux des mairies, des pages jaunes de l'annuaire, des fédérations professionnelles.

Lucien repère les concurrents : les sociétés spécialisées dans la conception de sites web, identifiées dans le département puis dans deux régions, Auvergne et Bourgogne (SSII, agences de communication et de marketing, web agencies, agences multimédia, consultants indépendants, informaticiens…). Il étudie leurs réalisations sur Internet (leurs références).

2. Étude de terrain

Lucien cherche à obtenir des rendez-vous auprès des directeurs de maisons de retraite. Par téléphone et à l'aide d'un rapide questionnaire, il sonde leurs besoins. Objectif : obtenir un rendez-vous et proposer ses services. Il recueille ainsi des demandes… et des réticences auxquelles il n'avait pas pensé. Il prend connaissance de ses concurrents (des sociétés de communication) et de leur potentiel (satisfaction ou non du client). Il teste aussi sa capacité à savoir se vendre… et réalise qu'il n'est pas très crédible seul, en sa qualité d'ex-infirmier (et non d'informaticien ou de graphiste par exemple). Sa reconversion n'est pas toujours bien perçue !

Il étudie la concurrence au moyen d'une astuce : son ancien employeur le laisse rechercher des prestataires en vue de concevoir une politique de communication (site et dépliants publicitaires). Il reçoit ainsi des devis de plusieurs sociétés.

Il rencontre le maximum de personnes (dans la région) susceptibles de l'aider, soit par la connaissance du milieu du quatrième âge, soit grâce à leurs compétences en multimédia (une formation sur Montpellier lui a permis de nouer des contacts intéressants, notamment des personnes qui comme lui veulent créer leur entreprise).

3. Conclusions de l'étude

Lucien précise peu à peu son offre de service, en fonction des besoins exprimés. Dans certains cas, il envisage de formuler une proposition d'intervention. Mais il doit rechercher une autre cible (la plupart des maisons de retraite n'ont pas les moyens de promouvoir leur activité, Internet ne leur parle pas vraiment… et face à une clientèle captive, ils n'éprouvent pas l'envie de mieux communiquer sur leurs prestations). Il doit également prévoir d'autres interventions : en effet, la plupart des directeurs d'établissements avouent ne même pas disposer d'une plaquette sur leur résidence… Leurs besoins de base portent sur la réalisation et la création de supports de communication classiques (rédaction et graphisme) ; en revanche, la cible des résidences services (secteur privé) est plus réactive et certains directeurs d'établissements le sollicitent pour produire d'autres outils multimédia !

Il définit ses couples « produit/ marché » : tel type de prestation pour telle cible et à tel prix.

Il prévoit enfin de s'associer avec Gérard V. ex-« dir com » au chômage rencontré chez des amis communs : ce dernier connaît la communication d'entreprise, il est équipé, il a des relations chez les imprimeurs ; mais il maîtrise mal les nouvelles technologies et il a besoin d'un « associé de l'Internet ».

Ensemble ils fixent leurs premières stratégies commerciales. Essentiellement une prospection en direct ; une plaquette est envoyée seulement si le premier contact passe au téléphone. Deux étudiants en BTS vont faire du phoning, voire du porte-à-porte, à partir des fichiers : fichiers des maisons de retraite, réseau familial, fichiers clients de Gérard V… Au total la prospection porte sur plus de 150 contacts.

Ils décident d'obtenir deux ou trois commandes fermes avant d'immatriculer leur entreprise et ils prennent soin de s'entourer d'un réseau d'experts : un juriste pour bâtir les cahiers des charges avec les clients, deux ou trois sous-traitants pour des travaux trop techniques.

Ils s'organisent peu à peu : recherche d'un bureau, d'un nom pour l'entreprise, répartition des tâches, élaboration du plan prévisionnel. Au total, entre l'idée (février 2001) et le lancement (octobre 2002), Lucien a consacré dix-huit mois à son projet.

Clientèle locale

L'ouverture d'une boutique nécessite de soigner tout particulièrement l'étude commerciale. En effet :

- *70 % des échecs des entreprises nouvelles sont dus à des ventes insuffisantes ;*
- *2 commerces sur 3 cessent leur activité au cours de leurs cinq premières années d'existence.*

L'activité s'adresse à une clientèle qui se repère par sa localisation dans une zone géographique bien délimitée **(zone de chalandise)** : commerce, artisanat, services aux particuliers ou aux petites entreprises. Cette localisation peut être soit le fait d'une résidence dans la zone, soit issue du passage plus ou moins fréquent dans cette zone.

La zone de chalandise correspond au territoire où l'on peut attirer la population dans le lieu de vente : elle sera située à 200 ou 300 mètres autour d'une épicerie, à 3 minutes à pied ou en voiture pour se rendre dans un commerce de proximité, à plusieurs dizaines de kilomètres pour d'autres activités à cause de leur rareté ou originalité (centre auto, jardinerie, spa…).

Les spécialistes disent qu'il y a cinq conditions pour réussir dans le commerce de détail :

1. *L'emplacement*
2. *L'emplacement*
3. *L'emplacement*
4. *L'offre*
5. *Le savoir-faire du commerçant*

On parle de **zone primaire** de chalandise lorsqu'il ne faut pas plus de 3 minutes à pied ou en voiture pour venir à la boutique. La **zone secondaire**, quant à elle, englobe les consommateurs potentiels ayant jusqu'à 10 minutes de trajet pour venir jusqu'au local envisagé.

Attention : il s'agit là de moyennes, seule une bonne connaissance des lieux permettra d'adapter ces durées au contexte pour faire un découpage pertinent du secteur de manière à évaluer ensuite combien il y a d'acheteurs potentiels à l'intérieur de ces zones.

Le marché d'un point de vente dépend de plusieurs facteurs :

→ la demande : population du quartier et potentiel par rapport à l'activité envisagée ;

→ le niveau de la concurrence ;

→ l'environnement du quartier.

Vous pourrez repérer plusieurs zones de chalandise potentielles, afin de les analyser et de fixer votre choix sur l'une d'entre elles.

Avant de rechercher un local pour votre activité, face à une demande géographiquement concentrée, avez-vous envisagé d'exercer votre métier sans infrastructure fixe (commerce ambulant, services à domicile...) ?

La demande sur la zone de chalandise

Les informations à recueillir portent sur :

La population résidente de la zone de chalandise : sa densité, ses habitudes d'achat, ses mutations... Il convient par ailleurs de déterminer si elle correspond à votre cœur de cible.

Le passage sur la zone de chalandise. Existe-t-il des circuits de déplacements ? Quelles sont les habitudes de déplacements (à pied, en voiture, sens de la circulation pour piétons et voitures, durée moyenne du trajet...), les habitudes d'achat de la population de passage (combien de personnes passent devant le local par jour ? Dans quel sens ? Pourquoi ? Quelles variations selon le moment de la journée, selon le jour ? Combien de ces personnes semblent-elles correspondre à l'acheteur type ? etc.) ? Quels facteurs, enfin, rendent compte des fluctuations du passage (historique, saisonnalité) ?

Le premier travail consiste à constater, observer, repérer et analyser. Il est primordial de circuler dans le quartier et de **rester en observa-**

Rendez-vous... au café du commerce : un bon moyen de faire parler les gens du coin.

tion avec un calepin pour noter, compter durant plusieurs heures de la journée et pendant plusieurs jours, afin de bien comprendre le flux naturel des passants et ce qui s'y achète : comment et par qui ?

Le quartier et son attractivité

- Est-il en développement ? En pleine mutation ? En crise ? Qu'est-ce qui se passe chez les autres commerçants ?
- Commerces particulièrement attractifs ; ceux qui ont périclité : pourquoi ?

L'activité retenue doit correspondre au potentiel de clientèle convoitée, à son profil sociodémographique.

- Activités manquantes ou sous-représentées ;
- Accessibilité de la zone (métro, bus, train, stationnement, circulation en double sens...) ;
- Dynamisme (animation commerciale, braderie...) ;
- Évolution (densité des commerces, commerces à vendre et taux d'occupation des locaux...) ;
- Projets et aménagements qui peuvent faire évoluer la zone.

Retrouvez les données de l'INSEE et de l'outil ODIL en annexe 1.

Sources d'informations sur la population :
la mairie ;
la chambre de commerce et d'industrie ;
l'INSEE (recensement de la population, zonage d'études et données locales à retrouver sur le site de l'INSEE).
Informations sur la consommation des ménages au niveau d'un département ou d'une région :
la consommation des ménages, données de l'INSEE ;
les enquêtes menées par les syndicats professionnels ou par certains ministères ;

L'ACFCI, Assemblée des chambres de commerce et d'industrie publie les IDC, indices de disparité des dépenses de consommation, sous la forme d'un cédérom : 8 secteurs d'activité et 52 postes de consommation sont analysés (en 2005).
Contact : www.acfci.cci.fr
Tél. : 01 40 69 38 63

Les ménages n'ont pas les mêmes habitudes de consommation selon les régions. Grâce aux IDC, on peut mesurer la disparité des dépenses sur une zone donnée.

La concurrence sur la zone de chalandise

Les questions à vous poser :

- Combien de concurrents directs ou de concurrents partiels ? (Commerçants vendant en partie les mêmes produits ou d'autres articles pouvant satisfaire les mêmes besoins.)
- Qui capte déjà la même clientèle ? Qui offre les mêmes produits ou services ?
- Notoriété, image et dynamisme des concurrents.
- Possibilité de reprise de fonds d'un concurrent âgé.
- Existe-t-il des franchisés déjà installés à proximité ? Comment fonctionnent-ils ?

Faites un plan de la zone repérée et notez-y l'emplacement des concurrents !
Pour une encyclopédie des villes : www.linternaute.com/ville.

Que penser face à une concurrence déjà sévère sur le quartier convoité ? Certains reculent devant la présence d'entreprises produisant les mêmes produits : qu'offrir de plus, afin de faire la différence ou d'apporter un service en plus ? D'autres y voient une raison d'intervenir là où existe déjà une forte demande...

Dans une rue où se trouvent déjà de nombreuses boutiques de décoration, il n'est pas interdit de convoiter à votre tour un emplacement...
En revanche, s'il n'existe aucun concurrent dans une zone, demandez-vous pourquoi... ce n'est pas toujours bon signe !

L'environnement autour de la zone

Attention aux évolutions de l'urbanisme ! Renseignez-vous toujours auprès des services municipaux concernés pour connaître les projets à venir, les changements pouvant affecter les flux de clientèle, la localisation des pôles d'attraction. Confirmez cette information en vous rendant à la Direction départementale de l'équipement.

Il s'agit de repérer l'environnement économique, professionnel, législatif, soit tous les facteurs qui de loin ou de près peuvent avoir une incidence prévisible sur la future activité.

L'interdiction de stationner dans une rue, par exemple, peut changer complètement la valeur d'un emplacement commercial. Il faut donc aller à la mairie pour s'enquérir des projets d'urbanisation : plan de circulation, aménagement de zones, construction d'édifices publics, création ou déplacement de lignes de transports en commun, etc.

Sources d'informations sur le quartier et son environnement

Lieux	Types d'informations
La mairie	Le recensement de 1999 et, à compter de 2004, enquête annuelle, les zones d'emploi, les services économiques de la mairie, les services d'urbanisme pour connaître les projets : consultation du plan local d'urbanisme (ex-POS), le service de la voirie pour les stationnements...
La préfecture de département	Les contraintes réglementaires régissant certaines activités
Les centres commerciaux	Organisation du centre, baux à céder, etc.
La DDE (Direction départementale de l'équipement)	La circulation et les travaux routiers

LIEUX	TYPES D'INFORMATIONS
LE CDI (CENTRE DES IMPÔTS)	POSSIBILITÉ, À CONDITION DE RÉSIDER DANS LA COMMUNE, DE CONSULTER LES LISTES NOMINATIVES DES PERSONNES ASSUJETTIES À L'IMPÔT SUR LE REVENU OU À L'IMPÔT SUR LES SOCIÉTÉS
LA RATP	INFORMATION SUR LA FRÉQUENTATION DE LA LIGNE DE MÉTRO
LES ASSOCIATIONS DE COMMERÇANTS...	LA VIE DU QUARTIER
LE RELAIS MUNICIPAL DE LA CHAMBRE DE COMMERCE ET D'INDUSTRIE	ANNUAIRES, DOCUMENTATIONS, FORMATIONS...

Récapitulatif des facteurs de succès pour un commerce de détail

→ PASSAGE IMPORTANT ET RÉGULIER DE PERSONNES DEVANT LA BOUTIQUE.

→ PRÉSENCE DE COMMODITÉS : PARKING, STATIONS DE TRANSPORTS EN COMMUN, ETC.

→ PRÉSENCE D'ÉLÉMENTS ATTIRANT UN FLUX DE CHALANDS :
– ENSEIGNES-PHARES (À CONDITION QUE CE NE SOIT PAS UN CONCURRENT DIRECT),
– BUREAU DE POSTE,
– DISTRIBUTEUR DE BILLETS,
– ETC.

→ POPULATION IMPORTANTE DANS LA ZONE DE CHALANDISE.

→ LONGUEUR DE FAÇADE DE LA BOUTIQUE D'AU MOINS 5 M.
ET ENCORE MIEUX : QU'ELLE SOIT SITUÉE EN ANGLE DE RUE AVEC UNE VITRINE DANS CHAQUE RUE.

→ NE PAS ÊTRE ISOLÉ : PRÉSENCE PROPORTIONNÉE DE CONCURRENTS (NI TROP, NI TROP PEU).

→ NE PAS ÊTRE EN RUPTURE PAR RAPPORT AUX TYPES D'OFFRES COMMERCIALES ENVIRONNANTES.
EXEMPLE À ÉVITER : CRÉER UN MAGASIN DE VÊTEMENTS OU DE SOUVENIRS DANS UNE RUE TRÈS MARQUÉE PAR LES MÉTIERS DE BOUCHE TELS QUE BOUCHERIES, CHARCUTERIES, POISSONNERIES, PRIMEURS...

Le choix du local

Vous avez étudié une ou plusieurs zones de chalandise et retenu une (ou deux) zones possibles d'implantation. Il vous reste à trouver un local disponible auprès des intermédiaires habituels et d'observer ses caractéristiques. L'enquête à mener porte sur les points suivants :

N'oubliez pas de comparer les avantages et les inconvénients d'une création d'entreprise par rapport à la reprise d'un fonds de commerce.

*Bail commercial, pas-de-porte, bail américain : n'hésitez- pas à faire lire le bail par un juriste pour en comprendre les caractéristiques et les clauses ! (*Cf. www.apce.com/ *installer votre entreprise)*

→ vitrine et visibilité de l'emplacement ;

→ surface de vente et composition du local ;

→ surface de stockage ;

→ agencements et matériels disponibles ;

→ état des lieux par rapport aux normes de l'activité (normes techniques, hygiène, sécurité...) ;

→ coût d'acquisition (loyer, droit au bail, dépôt de garantie, frais d'acquisition) ;

→ travaux à réaliser ;

→ possibilité d'évolution de la nature de l'activité ;

→ historique de l'emplacement ;

→ avis recueillis auprès du voisinage.

La zone de chalandise et le calcul du chiffre d'affaires

L'estimation du marché d'un point de vente nécessite d'appréhender le montant des dépenses des ménages à deux niveaux. **National**, bien sûr, à partir des statistiques de consommation établies annuellement par l'INSEE pour l'ensemble des ménages français. Ces statistiques ne permettent cependant pas toujours d'estimer le niveau des dépenses d'une façon très détaillée (pour un article donné par exemple) ; il faudra donc utiliser d'autres sources (fabricants, importateurs, fournisseurs, etc.). **Local**, en corrigeant les données précédentes des disparités régionales (les IDC) liées aux niveaux de revenus, aux habitudes locales et aux types d'habitations.

Certains signent un bail... avant même d'avoir bâti un projet, ayant flairé une opportunité immobilière... Voilà qui s'appelle mettre « la charrue avant les bœufs » ! C'est le local qui doit s'adapter à l'activité et non l'inverse !

L'estimation du marché d'un point de vente nécessite également d'apprécier avec la plus grande exactitude possible le niveau de la concurrence. Or, dans ce domaine, l'évaluation est souvent aléatoire.

À Paris, toute estimation est plus difficile. Cela s'explique par l'importance des migrations liées aux déplacements domicile-travail et par la concurrence diffuse exercée par l'ensemble de l'appareil commercial parisien.

Attention, toutes les méthodes fondées sur le calcul d'un chiffre d'affaires potentiel, estimé par différence entre le potentiel économique d'une zone et la place déjà prise par la concurrence, sont plaisantes quand on les étudie à l'université... mais incertaines : l'activité n'est que très rarement égale au marché disponible. Le calcul reste un indicateur parmi d'autres. Cette méthode est dite méthode des parts de marché.

EXEMPLE

- Sur la zone de chalandise choisie, il y a 7 530 ménages (ou foyers).
- La dépense nationale est de 100 € TTC par ménage pour le produit Y, soit 753 000 € TTC sur la zone de chalandise.
- On applique le coefficient IDC du département pour le produit Y (par exemple indice 110, soit une consommation légèrement supérieure à la moyenne nationale).

– Le chiffre d'affaires potentiel de la zone est donc de 753 000 € × 1,10 = 828 300 €.
– Sur cette zone, il existe déjà des concurrents qui offrent le produit Y et réalisent un chiffre d'affaires total de 700 000 €.
– Le chiffre d'affaires potentiel d'un nouveau point de vente du produit Y est donc = 128 300 € (828 300 € – 700 000 €).

En conclusion : Du bon sens... aux enquêtes de géomarketing.

Il n'est pas besoin d'être surdoué pour constater que... :

→ il y a déjà trois épiceries fines dans votre zone, (et la gérante de l'une déclare se payer à peine au SMIC) ;

→ la vente de cidre marche mal sur tel marché de plein vent ;

→ les bistrots qui ont un trottoir au soleil sont les plus fréquentés ;

→ une sandwicherie a plus de succès à côté d'un lycée...

Le géomarketing rassemble les données qui permettent d'apporter des aides à la décision sous forme de représentations spatiales liées à la cartographie. C'est un bon moyen d'évaluer le potentiel d'un commerce en franchise, de vérifier une implantation de clientèle, d'estimer un chiffre d'affaires ou la rentabilité sur une ville. Dorénavant, plus besoin de logiciels de géomarketing, l'internaute peut se connecter directement sur l'un des sites spécialisés (Claritas, Asterop...)

Bref, le bon sens prévaut pour votre étude !

Les commerçants évoquent volontiers leur situation... Faites-les parler et associez-y vos proches, le cas échéant, pour qu'ils interrogent leurs commerçants habituels.

Sachez enfin qu'il existe des cabinets spécialisés dans le **géomarketing**, technique au carrefour du marketing, de l'économie et de la géographie, permettant de déterminer des zones d'implantation optimale, de calculer les ventes potentielles à partir d'un lieu d'implantation. Le principal inconvénient du géomarketing réside dans son coût relativement élevé (plusieurs milliers d'euros) : ces études intéressent principalement les projets financés par les grandes entreprises.

En résumé

Étude de marché pour une clientèle localisée

- observation détaillée de la zone (utilisation d'un plan ou d'une carte) ;
- étude statistique de la population ;
- étude de la concurrence ;
- enquête sur les habitudes de la clientèle ;
- évaluation quantitative de la consommation locale.

L'OUVERTURE D'UN TERMINAL DE CUISSON À L'ISLE JOURDAIN (GERS)

Dans le nouveau quartier à la périphérie de la ville, Xavier R. et son épouse remarquent que tout le monde a des difficultés pour trouver du pain à proximité, sans être obligé de prendre sa voiture et de descendre en ville... Xavier a le goût des contacts humains, le souhait d'être indépendant, une bonne expérience de la vente (il a déjà travaillé dans l'hôtellerie). Le déclic : il dépanne un copain à Toulouse où il travaille trois mois dans le précuit surgelé d'un TC (terminal de cuisson). Il a envie d'être son propre patron (il a mal vécu une précédente expérience professionnelle de salarié).

1. Étude macroéconomique

Xavier consulte des études sur le grignotage, le marché du pain, les terminaux de cuisson. Il se rend à la chambre de commerce et d'industrie de Toulouse.

Il se déplace au salon national de la boulangerie pâtisserie glacerie et traiteur à Paris.

2. Étude de terrain

Sa zone de chalandise : au bas de chez lui, là où il y a un besoin et déjà un petit centre avec des magasins, un arrêt de bus, une école maternelle et un collège ! Tout autour : environ 1 500 personnes dans un rayon de 200 mètres. Son étude doit confirmer que c'est la zone pour une implantation réussie et permettre de trouver un local au cœur de ce territoire.

Concurrence : une épicerie à plus d'un kilomètre avec un choix de pains limité et un TC dans le centre ville (3 km). Le boulanger le plus proche est à 2,5 km. Xavier étudie leurs produits, la qualité, les prix...

Il prend contact avec des fournisseurs locaux. Il réalise l'interview de plusieurs gérants de TC à Toulouse et aussi à Auch. Autre tâche : l'élaboration d'un questionnaire (avec l'aide d'un organisme d'accompagnement pour les créateurs, à Toulouse) pour le distribuer aux résidents de son quartier. Cible à interroger : 50 personnes. Objectifs : connaître les attentes de la clientèle, ses sources actuelles d'approvisionnement en pains, viennoiseries, sandwichs…

Xavier se rend au service d'urbanisme pour connaître les projets sur la zone. Il cherche à vérifier une rumeur d'implantation d'un centre commercial (Atac) à proximité.

3. Conclusions de l'étude

Le besoin est réel.

Le potentiel des jeunes consommateurs de viennoiseries est très important, ils restent souvent après les cours dans ce quartier, pour jouer au foot. Les personnes âgées se montrent également intéressées.

La population est diverse, avec des catégories socioprofessionnelles équilibrées, mais avec 18 % de chômeurs dans cette zone, Xavier doit baisser les prix (la baguette ne doit pas dépasser 70 centimes d'euros).

Il doit aussi compléter son offre par des distributeurs de cafés et de boissons froides. Il envisage d'élargir la gamme de produits proposés à l'heure du déjeuner, en plus des sandwichs. En revanche, il écarte dès le départ l'idée d'une restauration sur place, faute de moyens (matériels et humains).

Principales contraintes : pas d'apport personnel, pas de partenaires ou de soutien financier. Xavier monte son compte d'exploitation prévisionnel et il doit trouver des personnes de son entourage pour lui prêter de l'argent en complément de celui de son banquier (qui lui réclame 40 % d'apports personnels). Il fait aussi une prospection auprès d'organismes de soutien à la création comme l'ADIE (www.adie.org).

Il se renseigne auprès des réseaux de franchise qui existent sur ce secteur bien que, a priori, il désire rester totalement indépendant.

Autre contrainte : l'agencement du local de 45 m^2 est plus coûteux que prévu à cause des normes en vigueur

(Xavier prend contact avec la direction des services vétérinaires).

En conclusion : cette enquête a permis de confirmer l'intérêt du terminal, de jouer la carte qualité, de déterminer un CA prévisionnel. Xavier est plus déterminé que jamais et il part à la recherche de financements, ou d'un associé pour son projet (deux personnes sont nécessaires pour faire tourner le terminal 6 jours sur 7, gérer les approvisionnements, servir la clientèle, cuire les pâtons surgelés, suivre la comptabilité…). Bref, rien n'est encore joué mais il sait ce qu'il veut et comment l'obtenir, notamment grâce aux réseaux d'accompagnement des créateurs d'entreprises qui l'ont aidé à fixer des priorités.

IMPLANTATION D'UNE CRÈCHE PRIVÉE DANS UNE VILLE DES HAUTS-DE-SEINE

Les porteurs de projet sont deux femmes. L'une est psychologue de formation, recalée à l'IUFM, et l'autre mère de famille de 45 ans qui désire reprendre une activité après avoir élevé ses trois enfants.

1. Étude macroéconomique

→ *les tendances de consommation des ménages : services de proximité liés à l'enfance ;*

→ *les exemples (français et étrangers) de structures innovantes d'accueil des tout-petits ;*

→ *le repérage des premiers exemples de crèches privées en France ;*

→ *l'environnement de ce type de projet (nombreuses autorisations et réglementations sur la petite enfance, personnel qualifié, coût des installations, etc.) ;*

→ *les différents « plans crèche » mis en place par les pouvoirs publics (conférence de la famille de juin 2003, ouverture du secteur aux initiatives privées...).*

Les sources d'informations documentaires et statistiques :

→ Données INSEE, CAF, CREDOC, PMI, mairie (contrat enfance)...

→ Centre de documentation de l'ACEPP (Association des collectifs enfants – parents – professionnels) ;

→ enquêtes sur les services aux particuliers menées par le syndicat des services à la personne ;

→ *fiche professionnelle APCE sur le projet petite enfance.*

2. Étude de terrain (sur la ville)

→ *composition démographique des familles, taux d'activité féminine, taux de natalité, nombre d'enfants de moins de trois ans ;*

→ *type et nombre de structures qui existent déjà ;*

- *volume des besoins (dont demandes de places en crèches non satisfaites) ;*
- *solutions concurrentes (autres modes de garde proposés aux parents) ;*
- *repérage de plusieurs emplacements potentiels (quartiers d'habitation et quartiers d'affaires) ;*
- *entretiens qualitatifs auprès de nombreux experts de la petite enfance interviewés dans le département (responsable action sociale de la CAF, PMI, personnel de crèches, associations de garde d'enfants, assistantes maternelles, directeur d'une halte garderie privée ouverte en septembre 2004, etc.) ;*
- *étude quantitative : questionnaire diffusé auprès des parents afin de sonder l'accueil d'une crèche privée dans la ville ;*
- *autre questionnaire dans un quartier d'affaires, pour connaître les besoins des salariés.*

3. Résultats de l'étude

- *choix de l'implantation (un appartement au rez-de-chaussée d'un immeuble) et du concept ;*
- *adéquation des services et tarifs proposés ;*
- *maîtrise d'œuvre du projet : financier/social/réglementaire/ technique ;*
- *pistes pour le recrutement de personnel, notamment d'une directrice de crèche…*

Marché diffus

Votre clientèle, du fait de la dimension de votre projet, sera constituée par un nombre limité de personnes ou d'organismes, venant de partout. Mais vous ne pouvez pas la repérer de façon précise par une identification de noms et d'adresses ou par l'observation de sa localisation.

Cette situation peut se rencontrer pour les activités suivantes :

- activités culturelles, artistiques, activités de création en général, produits de mode ;
- petites entreprises du bâtiment, activités artisanales non localisées ;
- activités touristiques, hôtellerie, restauration, animation ;
- prestations de services diverses non localisées.

Exemples de clientèle diffuse : praticiens de la pêche au gros en France, propriétaires de voitures anciennes, amateurs de calligraphie, adeptes de la thalassothérapie ou du festival d'Avignon...

La difficulté de repérer la clientèle rend très difficile son observation directe. Si vous êtes dans ce cas, vous pourrez trouver des informations par une étude approfondie de l'offre : des produits ou services proposés par les entreprises concurrentes, par la recherche de documents et d'études sur les tendances d'évolution du secteur, sur les styles de vie et les courants de mode.

p. 29

Il vous sera très difficile de faire une étude quantitative précise : nombre de clients potentiels, volume de consommation, etc. Vous vous appuierez sur les relais d'information que représentent les **prescripteurs** et les experts qui peuvent exister pour votre type d'activité. Vous aurez à les convaincre de promouvoir vos produits ou vos services (votre meilleur argument : vous avez conçu vos produits ou services en répondant aux attentes de vos clients, le plus souvent en répondant à des besoins non satisfaits).

Pour ce type de clientèle diffuse, le rôle des prescripteurs, de votre réseau, est déterminant. Le bouche à oreille prévaut et l'activité doit s'apprécier sur le long terme.

Les difficultés d'étude de votre marché pourront peut-être vous conduire à choisir un mode de relation à votre clientèle correspondant à l'un des deux types précédents, comme restreindre votre étude de clientèle diffuse à une zone géographique déterminée ou à une clientèle plus ciblée. Exemple : vous êtes restaurateur de cloches anciennes, vous ciblez tel type d'église ou telle région de France. Vous faites des massages en entreprise : vous ciblez tel type de PME, dans telles localités (pour faire jouer le bouche à oreille).

En résumé

Étude de marché pour une clientèle diffuse

- repérage des tendances, courants, modes, par une enquête documentaire et des contacts auprès d'experts ;
- repérage et contact auprès des prescripteurs et intermédiaires d'information (presse spécialisée, guides, manifestations...) ;
- observation de la concurrence.

ARTISTE-PEINTRE DÉCORATEUR EN RÉGION PARISIENNE

Porteur de projet : Antoine, 32 ans, demandeur d'emploi suite à un licenciement économique. Il a une formation de CAP peintre en lettres et a travaillé 11 ans dans le milieu de la décoration. C'est un passionné d'art en général, doté de compétences plurielles (peintre en lettres, décorateur dans un grand magasin, commercial chez un fournisseur de peintures et même enseignant au centre des arts graphiques !). Il considère qu'une activité « en solo » est la seule envisageable à son stade, tel un artiste qui doit créer son propre emploi.

1. Étude macroéconomique

Antoine passe beaucoup de temps à peaufiner son idée de départ : il a plusieurs cordes à son arc ; que privilégier, comment en vivre ? Il est également tenté de monter une association afin de promouvoir « la peinture d'antan » et les techniques traditionnelles mais il abandonne vite cette idée peu réaliste et économiquement non viable.

Il prend de nombreux contacts auprès des décorateurs professionnels afin de mieux appréhender le marché de la décoration intérieure. Il se rend au salon « maison et objet ».

2. Étude sur le terrain

Il s'agit de repérer une clientèle, de segmenter les offres de service en fonction de celle-ci.

Le créateur a mené une enquête auprès de son réseau de contacts professionnels (200 décorateurs et entreprises de décoration en région parisienne). Il a cherché à comprendre : qui commande des travaux de décoration, quels sont les travaux demandés et comment accéder au marché.

Résultats : les travaux peuvent être commandés par des magasins, des centres commerciaux, des plateaux de cinéma ou des particuliers.

Services proposés : les compétences du créateur lui permettent de proposer tous types de travaux, décors peints, maquettes, décoration intérieure, vente de toiles. *Sa valeur ajoutée :* des techniques traditionnelles de peintre en bâtiment et la préparation des toiles à l'ancienne. De plus, il propose un audit décoration : en plus de l'aspect technique (plans, représentation en 3D, maquettes...) le créateur donne un conseil esthétique lié à sa sensibilité artistique (couleurs, matières, styles).

Concurrence : elle est négligeable, chaque acteur est spécifique. Il faut raisonner en termes de complémentarité, de sous-traitance potentielle et d'ouverture sur d'autres chantiers.

3. Conclusions de l'étude

Le créateur peut établir avec plus de précision ses couples produit/marché : quoi proposer et à qui. Il existe en effet deux types de clientèle : les entreprises de décoration ou les décorateurs déjà en vue, pour le compte desquels il peut réaliser faux bois, faux marbre, trompe-l'œil, décor peint... et les particuliers (décoration intérieure, aménagement d'espace et vente de toiles...).

Moyens de prospection : avec un press-book sous le bras, les contacts pris lors de l'enquête terrain débouchent vite sur de premiers travaux. Antoine est présent dans les salons et foires régionales où il montre ses réalisations (via son press-book) et distribue plaquettes et cartes de visite. Il envisage de les valoriser sur Internet. Il a fait un mailing de 500 envois vers les entreprises de décoration du Val-de-Marne mais, sans relance téléphonique derrière, il a eu un retour quasi nul (un seul contact).

En conclusion, il sent que le potentiel existe, qu'il peut démarrer en sous-traitance pour se faire reconnaître dans un premier temps par le milieu.

Contraintes : entre deux chantiers, il peut s'écouler plusieurs semaines... et l'activité est saisonnière (pas de chantier l'été. Il ne faut pas négliger la prospection directe auprès des particuliers ou des prescripteurs (boutiques de décoration ou relais d'information comme les revues de *décoration, les Pages jaunes…) car c'est davantage dans ce milieu qu'Antoine veut exercer son art et mettre à profit toutes ses compétences.*

Antoine doit aussi travailler sur sa communication, comme lui conseille un réseau d'aide à la création d'entreprise : il a du mal à parler de son savoir-faire auprès de cette dernière cible de clientèle, à poser les bonnes questions pour détecter l'ensemble des besoins, faire des propositions, etc.

Produits ou services de grande consommation

Vous avez mis au point un produit ou un service destiné au grand public et vous avez opté pour une politique de grande distribution.

Cette stratégie impliquera une diffusion de vos produits ou services à l'échelle d'un marché très étendu (régional, national ou international) par l'intermédiaire des réseaux de distribution des produits de consommation courante. Vous aurez à mettre en place une véritable force de vente et des moyens publicitaires importants.

Dans ce type de cas, les études marketing prennent toute leur place : enquêtes qualitatives, quantitatives, etc.

Votre étude de marché devra obligatoirement être très approfondie et détaillée. En effet, l'importance des investissements commerciaux, le temps non négligeable de réaction du marché du fait de l'éloignement de votre clientèle ne permettent pas de se contenter d'approximations, aussi sérieuses soient-elles. Il va falloir employer une autre méthode.

D'autre part, entre le moment où la clientèle aura constaté vos choix et celui où vous saurez en mesurer leurs effets, de l'eau coulera sous les ponts. Contrairement à l'artisan, au commerçant et d'une façon générale à la petite entreprise qui peut aménager, modifier ses choix commerciaux de manière quasi spontanée, il se passera beaucoup de temps entre le moment où vous les aurez arrêtés (modification de prix, amélioration du produit, nouveau mode de distribution, campagne publicitaire...) et celui où ils seront perçus par la clientèle (sans oublier le fait qu'ils pourront être modifiés, influencés par les intermédiaires entre le consommateur final et vous.... Parfois vous n'avez pas beaucoup de poids face aux intermédiaires !).

Quelques ouvrages notables pour être référencé par la grande distribution :

- Vendre à la grande distribution, *Claude Chinardet, Éditions d'Organisation, 2005.*
- Les Coulisses de la grande distribution, *Christian Jacquiau, Albin Michel, 2000.*
- Techniques pour vendre à la grande distribution, *Marc Corcos, Frédéric Siméon, Dunod, 2005.*

Vous aurez à affiner, à optimiser le plus possible la recherche des informations sur le marché et pour cela vous devrez, sans doute, faire appel à un **cabinet d'études de marché** pour réaliser des études qualitatives et quantitatives et prévoir le budget correspondant (chiffrage à l'échelle de plusieurs milliers d'euros).

En effet, outre tous les éléments que nous avons évoqués pour les trois premiers types de clientèle (observation générale du marché, étude de la concurrence et étude macroéconomique), il vous faudra réaliser une étude de la distribution et commander une étude de comportement de la clientèle et de ses motivations vis-à-vis de votre produit ou service.

Si vous ne pouvez ou ne voulez pas engager les frais correspondants, vous pourrez peut-être, au moins au début à titre de test de pénétration sur le marché, vous situer dans l'un des premiers cas, celui où la clientèle est identifiable et en nombre limité, ou celui du marché local.

EXEMPLE

Avant de proposer à la grande distribution un produit de confort lié au marché du bien-être, vous le faites diffuser par quelques pharmacies et parapharmacies de la région, vous le présentez sur un stand lors d'un salon sur les médecines douces, vous le testez grâce à un réseau de vente directe.

La vente avec la grande distribution

La vente en hypermarchés est souvent ressentie comme un parcours du combattant.

Le produit doit apporter une nouveauté pour intéresser l'acheteur d'un magasin ; il obéit à des critères d'exigence en matière de qualité, de traçabilité et de logistique. Objectif : obtenir de la centrale d'achat le référencement du produit, pour qu'il figure au catalogue ! Les négociations sont longues : de nombreux mois durant lesquels toutes les garanties sont prises par la centrale, dont la visite de l'usine de fabrication afin de juger notamment la capacité à être très réactif pour répondre à la demande. Pendant ce temps (qui nécessite un BFR conséquent), les négociations vont bon train. Elles portent sur les tarifs, les frais de référencement, les « marges arrière » et autres remises demandées ! Enfin, faire un appel au service d'un agent commercial qui connaît bien les chefs de rayon est un impératif.

« Marges arrière » : participation à une animation commerciale, présence en tête de gondoles, promotion des ventes....

En résumé

Étude de marché pour une clientèle grande consommation

- étude de marché complète et détaillée : étude de la concurrence, des consommateurs, de la distribution ;
- enquête de motivation réalisée par un cabinet d'études de marché ;
- évaluation des potentialités quantitatives du marché.

DU CHOCOLAT AU CHAMPAGNE !

Déroulement indicatif d'une étude de faisabilité chez Conception Ouest :

Monsieur D. a eu l'idée d'un nouveau produit : une tablette de chocolat au champagne. Conscient de la difficulté de pénétrer le marché, il se demande quelle serait sa cible de distribution. Cherchant à minimiser ses risques, il décide de consulter une junior entreprise qui fournit des prestations de qualité pour un coût défiant toute concurrence.

Gérée à part entière par les étudiants spécialisés de l'Université Paris X, Conception Ouest a pour objectif de mettre en application les théories mercatiques et financières acquises lors de leurs deuxième et troisième cycles.

Conception Ouest : http://conceptionouest.free.fr

Monsieur D. se tourne alors vers Conception Ouest. Après un rendez-vous d'une heure durant lequel il explique son projet, l'équipe de Conception Ouest lui propose de réaliser une étude. Celle-ci comporte une phase qualitative et une phase quantitative. La phase qualitative permettra d'effectuer des recherches sur l'environnement du produit et, ainsi, de dégager des hypothèses de travail. La phase quantitative doit servir à vérifier statistiquement par une enquête de terrain la validité des hypothèses. L'étude finalisée, l'analyse, les recommandations ainsi qu'une synthèse sont présentées oralement et remises sous forme informatique ou papier à son commanditaire.

L'étude qualitative

L'étude commence par une phase de recherche documentaire sur Internet, auprès des organismes publics et des revues spécialisées. Elle permet de déterminer la législation du marché du chocolat, mais aussi d'identifier les concurrents.

En parallèle, Conception Ouest conduit des entretiens semi-directifs. Ces derniers ont pour objectif de faire ressortir des habitudes de consommation. Ils sont conduits par des spécialistes en psychologie. Les entretiens, enregistrés, sont ensuite traités. L'analyse du contenu des discours se divise en trois parties : une analyse lexicale, une analyse syntaxique et une analyse thématique.

L'analyse des entretiens permet à Conception Ouest de dégager les attitudes et motivations des consommateurs. Au terme de cette étude, un questionnaire a été créé et sa validité vérifiée lors d'un prétest auprès d'un échantillon restreint (de l'ordre de 30 personnes).

L'étude quantitative

Le questionnaire est soumis à une population représentative d'environ 300 personnes.

Les réponses sont vérifiées une à une, codifiées puis saisies à l'aide du logiciel Sphinx 2000. Une analyse statistique des variables pertinentes peut désormais être menée en se fondant sur des éléments statistiques fiables et objectifs.

Analyse des résultats, synthèse et recommandations

Après les phases d'enquête et de constitution du fichier de données, Conception Ouest procède à l'analyse des données. Plusieurs types d'analyses sont possibles, analyse uni-variée (avec une seule variable) ou analyse bi- ou pluri-variée (à deux ou plusieurs variables). Conception Ouest bénéficie d'une expertise dans le domaine de l'analyse de données puisque ses analystes suivent des cours spécialisés dans ces disciplines (DESS ou DEA).

Une fois l'analyse statistique effectuée, des recommandations sont établies.

À l'issue de cette analyse, Conception Ouest synthétise ces données et les exprime avec des mots intelligibles. Cette phase de synthèse a pour but d'assurer la cohérence des conclusions de l'analyse avec les attentes des consommateurs ainsi qu'avec l'objet de l'étude ; elle est réalisée par les analystes et les chargés d'étude ; elle permet de dégager des recommandations adaptées et opérationnelles, constituant ainsi un outil efficace et rigoureux d'aide à la décision pour Monsieur D. Celui-ci disposera alors d'un outil sérieux et professionnel qui l'aidera à déterminer si son produit est viable ou non, et quels pourront en être les marchés, les cibles et les circuits de distribution les mieux adaptés.

En conclusion de ce chapitre, nous vous présentons une synthèse sur l'étude à mener selon votre clientèle.

Tableau récapitulatif sur l'analyse de votre clientèle

Types de clientèle	Étude commerciale	Commentaires
1. Clientèle identifiable en nombre limité facile à identifier	L'étude commerciale doit : – être faite par le créateur en situation de vente, – se concrétiser par des commandes.	C'est dans ce domaine que le créateur va le plus apprendre à vendre : s'il est vendeur, il vend. **Avantages** : Tester réellement l'activité et les actions commerciales. Permet éventuellement de démarrer avec un volume d'activité. L'approche est longue mais peu coûteuse.
2. Clientèle localisée Vente de proximité aux consommateurs résidant ou passant dans une zone d'attraction	L'étude commerciale passe par une étude approfondie de la zone de chalandise : – sa délimitation, – sa population, – ses forces vives, – les comportements et habitudes, – les évolutions. L'étude peut être réalisée par le créateur, aidé par un tiers (questionnaire).	Difficultés à cerner la montée en puissance de l'activité. Caractère aléatoire et intuitif des résultats. Nécessité de rechercher une clientèle identifiable (cela peut réduire le risque de la création).

Types de clientèle	Étude commerciale	Commentaires
3. Clientèle diffuse Vente directe à une clientèle ni identifiable ni localisée mais en nombre limité (artisanat, tourisme, mode...)	Possibilité d'identifier une clientèle de type 1 par une segmentation produits/clients. Rechercher des prescripteurs. Faire l'étude commerciale auprès des prescripteurs.	Plus on passe sur une clientèle de type 3 ou 4, plus les risques pris et les coûts du projet augmentent. L'étude s'apparente plus à une étude de marché fondée sur l'expérience des experts, des prescripteurs, des intermédiaires. Le coût d'entrée sur le marché est plus conséquent (publicité). En cas d'erreur, il vaut mieux disposer d'avoirs financiers plus grands, les frais engagés étant très importants et les délais très longs. Le test du projet n'est possible qu'après la création.
4. Clientèle de grande consommation	L'étude de marché doit être menée par un spécialiste	

6

Les conclusions de votre étude de marché

VOUS AVEZ COLLECTÉ une somme d'informations et même si vous avez le souci d'observer en permanence ce qui se passe sur le marché, il vous faut conclure !

Les conclusions de votre enquête sont souvent déroutantes !
Il faut parfois revoir le concept de départ, élargir la clientèle, s'équiper davantage... si les besoins du terrain ont été bien pris en compte.

Cette conclusion reprend les trois aspects de l'utilité de l'étude de marché :

→ les choix de votre stratégie ;

→ l'évaluation des hypothèses de vos objectifs de vente ;

→ le choix des moyens de votre action commerciale.

C'est avec ces éléments que vous pourrez poursuivre la construction de votre projet, en particulier le montage de vos comptes prévisionnels, pour prendre la décision définitive de lancer ou non votre activité et obtenir les concours financiers nécessaires.

Les choix stratégiques : quel produit, quel service, à quel prix

Le choix des produits ou des services

Vous allez construire votre entreprise en choisissant les produits ou services précis que vous vendrez ainsi que les cibles de clientèles à atteindre. Vous ferez ces choix de **couples produit/marché** à partir des données du marché, en fonction des critères suivants :

- la connaissance personnelle que vous avez de certaines catégories de clients : valorisation de vos acquis, de votre expérience antérieure ;
- le poids des concurrents sur le secteur : leur nombre et surtout leur dimension et leur efficacité ;
- vos envies et capacités personnelles (cohérence entre vous et votre projet) dans la mesure où elles sont réalistes vis-à-vis des données du marché ;

Comment se démarquer de la concurrence ? Qu'offrir de plus ? Pourquoi les clients vont préférer votre service ? Quelles sont vos forces, vos faiblesses ? Le positionnement dépend toujours de la réponse à des questions de bon sens.

- l'importance des investissements commerciaux nécessaires (ainsi que les autres types d'investissements) ;
- le délai entre la mise en place de ces investissements et les retombées en termes de chiffre d'affaires. Certains produits vont se vendre très rapidement (achats d'impulsion) alors que d'autres demanderont plusieurs mois et même plusieurs années depuis le premier contact jusqu'à la prise de décision ;

- la répartition des risques sur des clientèles suffisamment diversifiées. Ne pas mettre tous ses œufs dans le même panier permet de survivre en cas de défaillance d'un client (mais attention à ne pas trop vous disperser) ;
- la cohérence entre le style de vos produits ou services et de votre entreprise et le style de vos clients.

En somme, il s'agit de définir avec précision les éléments de différenciation (parfois de ressemblance) de l'offre de votre entreprise par rapport aux offres des concurrents, **en vous fondant sur les besoins de vos clients**.

Ce positionnement peut se faire par le prix, l'innovation, le mode de vente ou l'image symbolique transmise par la communication. Exemples d'images : tradition, avenir, nature, fête, sérieux, tranquillité, aventure, fiabilité, éthique, bien-être, sécurité, transparence... Quant au prix, il vaut mieux le situer dans une fourchette moyenne : une entreprise n'a généralement pas les reins financiers assez solides dès sa création pour déclarer une guerre des prix !

« Positionner » un produit, c'est tenir compte de la concurrence et des consommateurs en agissant sur les paramètres de communication du produit (marque, conditionnement, étiquette, esthétique...).

Objectifs : l'entreprise se distingue de ses concurrents et le consommateur l'identifie plus facilement.

Les prix

Il existe plusieurs indicateurs pour fixer le prix d'un bien ou d'un service :

- le coût de revient ;
- le prix des concurrents ;
- le prix psychologique ;
- le prix révélateur de l'image recherchée ;

→ le prix saisonnier ;

→ l'élasticité de la demande…

Rien ne sert de casser les prix pour s'imposer sur un marché : tôt ou tard vous rencontrerez des problèmes de trésorerie et en l'absence de marge vous déposerez le bilan.

Les taux de marque et de marge sont les taux qui permettent de déterminer les marges, soit à partir du prix de vente (taux de marque), soit à partir du coût d'achat (taux de marge).

Le coût de revient

Toute erreur en la matière pourrait être lourde de conséquence. Si vos prix sont trop élevés vous ne vendrez pas. S'ils sont trop bas, vous ne vendrez peut-être pas suffisamment (le consommateur fait toujours un lien entre le niveau de prix et la qualité du produit ou du service). Ou encore vous vendrez trop bien avec tous les risques que cela peut comporter : vos concurrents peuvent alors entrer dans une guerre des prix. De plus, attention, votre rentabilité est menacée !

Achat de marchandises, rémunération des salariés, sous-traitance, étude de marché, publicité, frais généraux et financiers… le prix de revient doit apparaître dans le compte de résultat prévisionnel.

LEXIQUE

PV, prix de vente : 200 € TTC
TVA : 19,60 %
PA, prix d'achat : 120 € TTC
PV HT = 200/1,196 = 167,22 € HT
PA HT = 120/1,196 = 100,33
Marge brute = PVHT– PAHT = 167,22 – 100,33 = 66,89 €
Taux de marge brute = (marge brute /PVHT) × 100 = (66,89/167,22) × 100= 40 %
Taux de marque = (marge brute/PAHT) × 100 = (66,89/100,33) × 100 = 66,67 %
Coefficient multiplicateur = PV/PA = 1,66

Le prix des concurrents

Les réactions de la concurrence doivent être également prises en compte ; elles dépendent beaucoup de la structure du marché et de la plus ou moins grande homogénéité du produit. On peut étudier les réactions de la concurrence, en supposant qu'elles proviennent d'une appréciation immédiate du problème à chaque occasion. L'entreprise qui décide d'établir un prix doit également tenir compte des réactions probables des fournisseurs, des intermédiaires et du gouvernement (professions médicales).

Dans de nombreuses professions, le coefficient multiplicateur est un indicateur qui permet de fixer les prix. Interrogez vos fournisseurs.

Elle n'oubliera pas le consommateur, attentif au rapport qualité prix, notamment depuis le passage à l'euro qui l'a rendu encore plus vigilant. Quelles sont les pratiques de la concurrence, à quels produits et services correspondent-elles, et comment se situe cette nouvelle offre à cet égard ?

Le prix psychologique

C'est le prix à ne pas dépasser pour certains biens ou services. Certains services aux particuliers (ménage, garde d'enfants, dépannage informatique) sont plombés par des prix psychologiques particulièrement bas (le consommateur n'a pas l'habitude de payer un service qu'il fait lui-même ou qu'il fait faire par un membre de sa famille ou au noir).

Fixer un prix c'est aussi tenir compte de contraintes diverses : la loi (prix du livre...), la politique commerciale générale de l'entreprise, la pression d'une centrale d'achat...

Le prix révélateur d'image

Quand le prix est surréaliste, le snobisme joue un rôle non négligeable (marque, phénomène de mode, cote de certains restaurants, de tel artiste...).

Le prix saisonnier

Pour les produits ou services directement liés au tourisme, ou ceux d'une activité exercée dans une localité touristique (sport, location de vélos et même marchand de poissons), il faut distinguer les prix « hors saison » des prix pratiqués lorsque la saison touristique bat son plein.

D'autres produits sont marqués par une saisonnalité forte, et la politique de prix va consister à attirer la clientèle en dehors des périodes de pointe d'activité.

L'élasticité de la demande

Quand une entreprise envisage de fixer un prix, elle doit étudier soigneusement les réactions des consommateurs et de la concurrence. La réaction probable des consommateurs est résumée par le concept de l'élasticité de la demande par rapport au prix.

L'élasticité de la demande par rapport au prix

Elle mesure la variation de la demande suite à une fluctuation du prix. La demande peut être inélastique (lorsque l'élasticité tend vers 0) : c'est le cas de l'énergie (l'essence), de certains produits alimentaires (le pain...) ou d'habillement qui sont des produits non substituables et/ou jugés absolument nécessaires. Les prix ont beau grimper en flèche, la demande reste peu ou prou la même.

A contrario, la demande peut être très élastique. Ainsi, pour quelques biens spécifiques, une baisse de prix très modérée ou une hausse du pouvoir d'achat entraîne une forte hausse de la demande (par exemple pour les biens de luxe).

La gamme de produits

La fixation du prix est encore plus complexe lorsqu'il existe des interférences entre les différents produits d'une gamme en matière de demande et/ou de coûts. L'objectif est alors d'établir un ensemble de prix pour chacun des produits, qui maximiserait les profits pour la gamme entière.

Le prix des services

Il est a *priori* plus difficile de fixer le prix d'une prestation de service, par définition intangible ; le prix de revient va dépendre essentiellement du coût du facteur travail : le prix des services est généralement calculé sur la base d'un taux horaire, ajouté au coût des matières premières éventuelles. Le taux horaire tient compte des revenus annuels souhaités, des heures non productives (prospection, comptabilité, déplacements, vacances…), des frais généraux et de la TVA si elle est applicable. Le résultat doit être réaliste, c'est-à-dire voisin de la concurrence !

Il faudra aussi choisir entre plusieurs types de formules afin de présenter sa facture : tarif horaire ou à la journée, formule d'abonnement, forfait pour la prestation…

EXEMPLE

Rémunération souhaitée : 30 000€
Frais généraux : 15 000€
Total : 45 000€

** Marge de 10 % : 4 500€*
Total à facturer : 49 500€ arrondis à 50 000€

*** Temps de travail productif : 30 heures par semaine sur 45 semaines :*
soit 1 350 heures facturées
Taux horaire : 50 000/1 350 : soit 37€ hors TVA

* Marge : il convient d'insérer ici une marge de 5 à 10 % afin de financer l'expansion de votre entreprise ou de vous constituer une réserve pour de futurs aléas.

** Le reste du temps de travail n'est pas directement productif : prospection, déplacements, documentation et veille, formation, comptabilité, rendez-vous avec des fournisseurs, etc.

▷ Évaluation du chiffre d'affaires

Évaluer le chiffre d'affaires prévisionnel permet de mesurer la viabilité financière du projet, de vérifier que le projet tient la route à **long terme** (1er objectif : une affaire rentable) et à **court terme** (2nd objectif : ne pas être à court de trésorerie au démarrage).

1er objectif : une affaire rentable à long terme

L'étude de marché permet de construire un premier compte de résultat prévisionnel, généralement établi pour la première année d'activité et les deux suivantes. Les résultats de l'étude doivent permettre d'estimer un CA prévisionnel, donc des moyens à mettre en œuvre pour le réaliser, avec des charges correspondantes. C'est un des objectifs principaux d'une étude de marché : mesurer ou non la **rentabilité** du projet.

Ce résultat doit vous permettre de vérifier que votre entreprise est rentable à long terme : les comptes de résultat sont établis pour couvrir les trois premières années de votre activité et il n'est pas rare qu'ils fassent apparaître une perte la première année d'activité, avant de dégager un bénéfice en année n+1 ou n+2.

Compte de résultat prévisionnel simplifié de la première année

	Montants
Le produit de vos ventes : votre chiffre d'affaires	
– moins vos achats de marchandises	
– moins vos autres charges diverses	
– moins vos frais de personnel	
– moins vos frais financiers	
– moins les impôts de votre entreprise	
Est égal à votre bénéfice[1] =	

Mais cette estimation n'est pas suffisante car elle ne met pas en valeur les éventuels problèmes de trésorerie qui peuvent survenir à court terme, par exemple lors de la première année.

Le bénéfice est atteint lorsque le montant des ventes (le chiffre d'affaires) couvre à la fois les charges fixes et les charges variables de votre activité. Mais allez-vous pouvoir tenir jusque-là ?

2nd objectif : ne pas manquer de trésorerie les premiers mois d'activité

Cet objectif est souvent oublié ! Le démarrage d'une activité est lent, la progression du chiffre d'affaires est faible au début. Il vous faut donc disposer d'une avance de trésorerie, c'est-à-dire de disponibilités pour faire face aux charges fixes que vous allez engager (qu'il vous faudra payer même si vous ne réalisez

1. Bénéfice qui doit vous permettre de vous verser une rémunération (si vous êtes entrepreneur individuel ou gérant majoritaire de SARL) et de rembourser le capital d'un emprunt éventuel (seuls les intérêts de l'emprunt figurent dans le compte de résultat).

Comment calculer votre BFR ? Comment le financer ?
Reportez-vous à l'ouvrage Financer votre création d'entreprise, *APCE, Éditions d'Organisation, 2006.*

aucun chiffre d'affaires pendant un certain temps). Cette progression sera la base sur laquelle vous construirez votre plan mensuel de trésorerie.

Au démarrage, bien souvent, le CA ne couvre même pas les charges fixes et il faut donc disposer de capitaux suffisants pour continuer d'exercer l'activité pendant cette période dite **d'apprentissage de la clientèle**. Dans les deux cas de figure ci-dessous, le seuil de rentabilité n'est pas atteint au même moment, à cause du temps d'apprentissage de la clientèle, plus ou moins long. Or, jusqu'à ce que vous atteigniez le **seuil de rentabilité** ou **point mort**, vous devez disposer de fonds suffisants (le BFR).

Apprentissage de la clientèle : incidence financière

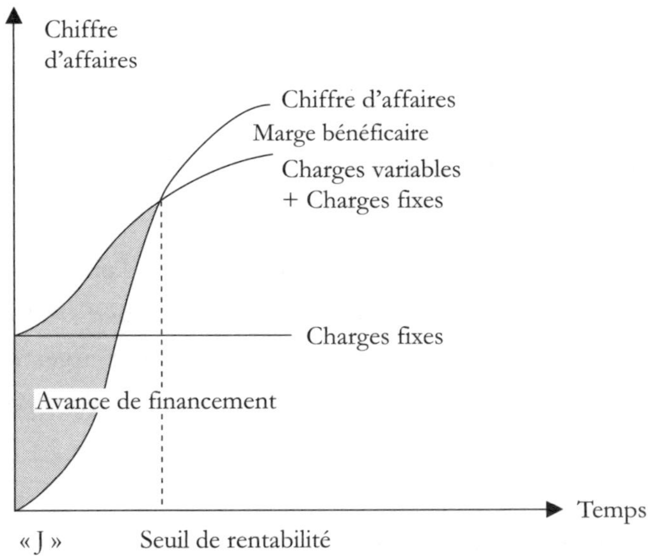

1. APPRENTISSAGE RAPIDE

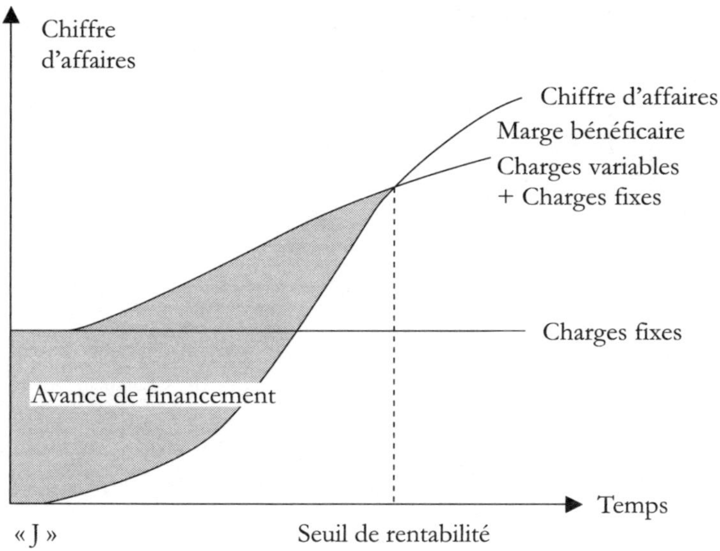

2. APPRENTISSAGE LENT

Lorsque le seuil de chiffre d'affaires couvre à la fois les charges fixes et variables, l'entreprise dégage une marge, plus ou moins rapidement selon l'apprentissage.

Ce second aspect est fondamental puisqu'il permet de calculer l'avance d'argent que vous devez faire (le BFR, besoin en fonds de roulement) pour couvrir les charges tant que le chiffre d'affaires n'a pas atteint un niveau suffisant.

Souvent négligé, le BFR est à l'origine des principales difficultés et échecs des jeunes entreprises.

Ces hypothèses du chiffre d'affaires à terme et de la progression au démarrage, aboutissement de l'étude de marché, seront les points de départ de l'étude économique prévisionnelle de votre projet.

Le schéma suivant illustre les étapes successives de l'étude de faisabilité d'un projet à partir des conclusions de l'étude de marché.

Schéma d'étude de faisabilité d'un projet

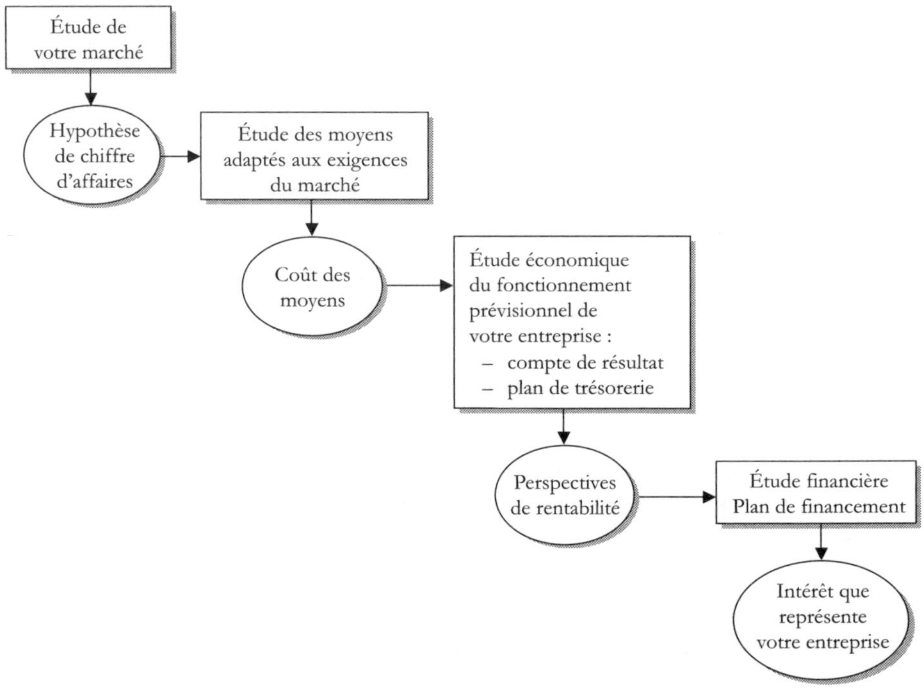

Ce n'est pas parce que toute prévision est plus ou moins aléatoire qu'il ne faut pas en faire, sous prétexte qu'elle sera fausse.

Pour évaluer la progression des ventes, il n'existe pas de méthode infaillible et absolue ; comme toute démarche prospective, il est impossible d'éliminer toute incertitude, et d'avoir une garantie sur vos prévisions de chiffre d'affaires.

Ce n'est sans doute pas un chiffre précis (à l'euro près) qu'il vous faut déterminer mais plus une **fourchette** entre un maximum et un minimum probables. Lorsque vous établissez vos comptes prévisionnels, vous déterminez deux seuils de chiffre d'affaires (hypothèses optimiste et pessimiste) avec les charges correspondantes.

Par expérience, les conseillers en création d'entreprise retranchent souvent 20 % de votre chiffre d'affaires par rapport à vos prévisions !

Pour analyser la progression initiale de votre chiffre d'affaires (apprentissage de la clientèle), il peut être intéressant de le détailler par périodes courtes et par couples produit/marché.

Exemple pour un institut de beauté

	Mars 2007	Avril 2007	Mai 2007
Épilation jambes	15 soins = 200 €	30 soins	...
Nettoyage de peau	25 soins = 750 €	30 soins	...
Vente de produits	120 €	300 €	...
...			

Quelques méthodes pour évaluer le chiffre d'affaires

Quel niveau de chiffre d'affaires a réalisé un entrepreneur la première année de son activité ?

Se fonder sur toutes les estimations de votre étude de marché, vos moyens matériels, votre organisation :

- le plus sûr et le plus concret : avoir des commandes fermes de la part des clients et connaître l'étalement des entrées d'argent correspondantes ;
- obtenir des intentions d'achat, des devis et des estimations sur leur chance d'aboutir ;

Faites une recherche par activité puis par entreprise sur le site de la Coface, (rubrique « dynamisme » puis « création ») ; rien ne vous empêche ensuite de recueillir le témoignage de ce créateur, vous avez ses coordonnées !
www.cofacerating.fr

Des centres de gestion agréés indiquent les ratios de leurs adhérents par entreprise, par effectif, etc.
www.fcga.fr
www.infotpe.com

L'essentiel n'est pas de prévoir un chiffre d'affaires avec précision, mais d'établir une fourchette, en mesurant les conséquences des deux prévisions, haute et basse.

→ transposer (avec prudence) vos anciens résultats de vente (avec vos anciens clients) à l'échelle de votre propre entreprise. Attention, vos anciens clients ne sont peut-être pas aussi prêts à abandonner leur fournisseur actuel qu'ils le disent ;

→ utiliser les ratios de vente qui peuvent exister dans certaines professions. Par exemple, le ratio du nombre de commandes par client visité ou le ratio de chiffre d'affaires par nombre de client, par mètre carré de surface, par effectif, etc. ;

→ établir une comparaison avec le chiffre d'affaires des entreprises similaires, en tenant compte bien sûr des différences : environnement, ancienneté de l'entreprise, nature de l'activité, moyens commerciaux, etc. ;

→ faire une estimation empirique en fonction des catégories de produits, de clients et de moments dans la semaine, le mois, l'année. Exemple, pour un restaurant : nombre de menus, répartition par menu, par jour de la semaine, midi, soir, période de vacances, été, hiver, etc. ;

→ connaître le volume d'activité des entreprises lors de leur première année d'installation (en interrogeant des créateurs) ;

→ utiliser la méthode des parts de marché déjà évoquée ;

Exemple pour une société de gardiennage de bateaux

MOIS	PANIER MOYEN HT	NB CLIENTS	CA MOYEN
MARS	– MISE À L'EAU : 100 €	3	300 €
	– RÉPARATION ET ENTRETIEN : 200 €	15	3 000 €
	– GARDIENNAGE : 40 €/MOIS	150	6 000 €
AVRIL	– MISE À L'EAU : 100 €	2	200 €
	– RÉPARATION ET ENTRETIEN : 200 €	8	1 600 €
	– GARDIENNAGE : 40 €/MOIS	120	4 800 €
MAI	– MISE À L'EAU : 100 €	12	1 200 €
	– RÉPARATION ET ENTRETIEN : 200 €	10	2 000 €
	– GARDIENNAGE : 40 €/MOIS	160	6 400 €

→ se fonder sur l'avis d'experts connaissant bien à la fois votre secteur d'activité et la situation particulière des entreprises en création ;

→ tirer des conclusions : le chiffre d'affaires prévu permet-il de dégager une marge après le paiement des charges ? De rembourser un emprunt ? De vous rémunérer ? De payer des cotisations sociales facultatives, comme une retraite complémentaire ?

Ce qui fera sans doute augmenter vos ventes, c'est vous, de par votre comportement de vendeur, votre talent pour prospecter, votre art de la négociation !

Si aucune de ces méthodes n'est possible, vous n'aurez plus qu'à constater quel est le chiffre d'affaires minimum qu'il vous faudra réaliser pour équilibrer vos charges, c'est-à-dire atteindre le seuil de rentabilité, mais ce n'est pas une méthode de prévision de vente puisqu'elle ne tient pas compte des éléments du marché.

Le portage salarial ou le dispositif CAPE permettent de tester un projet en étant juridiquement porté par une autre structure.
www.apce.com

Dans tous les cas, engagez au départ **le moins de charges fixes possible** : faites en sorte que votre premier démarrage soit souple au point de vue des investissements et des frais de structure. Votre entreprise sera alors en période de test produit/marché, au risque de vérifier l'inexistence du marché ou l'impossibilité d'y accéder.

La décision de lancer ou non l'activité

À ce stade, fort d'une première estimation du chiffre d'affaires, et, par voie de conséquence, de la rentabilité ou non de votre affaire, vous devez en toute lucidité tirer les leçons de l'étude de marché.

Rien ne doit être laissé au hasard... Vous faites vous-même votre comptabilité ? Prévoyez du temps... et un bon outil informatique, sans oublier de faire des sauvegardes. Alternative : sous-traiter à un expert comptable (compter de 100 à 300 € mensuels).

Estimez le volume d'heures nécessaires pour chaque action... en ne perdant pas de vue que les journées n'ont que 24 heures !

N'oubliez pas de passer en revue, outre les facteurs purement financiers, les conditions d'organisation pratique de votre projet.

L'organisation de votre entreprise

Récapitulez les éléments à mettre en œuvre pour réussir dans votre activité :

- Quelles sont les capacités à déployer pour exercer le métier ?
- Une première répartition des tâches s'impose : qui va vendre, négocier avec les fournisseurs, acheter, gérer la comptabilité ?

→ Qui va organiser la production du service ? Qui anime le personnel ? Qui détient l'expérience ?

→ Doit-on envisager une formation complémentaire ou un recrutement non prévu au départ ?

→ Au besoin, n'hésitez pas à faire un bilan de compétences !

Et surtout prévoyez bien **qui fait quoi**, en vous inspirant si nécessaire d'un planning, en l'adaptant à votre activité.

Journée type dans les six premiers mois de lancement

	Besoins de l'entreprise	Temps prévu par jour	Qui fait quoi ? Moyens humains
Conception Fabrication			
Achats			
Relations avec la clientèle déjà existante			
Prospection d'une nouvelle clientèle			
Administration Comptabilité			
Transport et logistique			
Etc. ! (À compléter selon les projets)			

Les contraintes de votre projet

Passez en revue les principaux obstacles que vous avez pu rencontrer. Qu'elle soit propre à la nature du produit ou du service, liée au marché, à la réglementation ou à vos moyens, aucune contrainte ne doit être prise à la légère.

Ainsi, s'il existe de toute évidence un besoin de crèche privée dans telle commune, avez-vous l'entregent pour monter le projet auprès des élus et recueillir les fonds nécessaires ? Avez-vous la formation adéquate et une équipe qualifiée à vos côtés ?

N'oubliez pas les contraintes liées à votre projet personnel de créateur : votre personnalité, votre potentiel, vos motivations, vos objectifs, vos compétences et savoir-faire ; sans oublier votre santé et **l'adhésion de votre famille à votre projet**. Un projet peut être réaliste dans l'absolu mais mal adapté à celui qui le porte !

Il arrive fréquemment que l'étude de marché révèle une autre clientèle que celle envisagée au départ : par exemple, on vise initialement une clientèle de particuliers pour leur proposer de faire la vidange de leurs véhicules. En réalité, les plus réceptifs sont les commerçants et les artisans, qui ont peu de temps pour effectuer ce genre de corvées sur leur véhicule professionnel.

À l'issue de ce premier bilan (étude de marché, rentabilité du projet, organisation pratique, contraintes, cohérence « homme/projet »), tirez vos conclusions.

Plusieurs cas peuvent se présenter :

- vous décidez de poursuivre votre projet, en définissant à présent les moyens de réaliser ce chiffre d'affaires (comment vendre, avec quelle politique commerciale) ;
- vous poursuivez votre projet en modifiant certaines données : changement de cible, adaptation du concept de base aux besoins des consommateurs, élargissement de la gamme de produits, choix de démarrer avec un seul segment de clientèle, etc. ;

→ vous abandonnez le projet ou vous le retardez, le temps de vérifier certains points, de poursuivre votre étude dans une autre direction, une autre localité.

Les motifs d'abandon les plus fréquents sont l'incapacité à trouver une clientèle, la faible rentabilité du projet, son coût exorbitant, la férocité de la concurrence ou l'insuffisance du savoir-faire sur ce créneau.

À ce stade, n'hésitez pas à présenter les conclusions de votre étude aux experts et conseillers rompus à l'accueil des porteurs de projet.

La décision n'est pas toujours facile à prendre ; une étude n'est jamais fiable à 100 %. C'est un **réducteur d'incertitudes**, qui vous permet d'être proche du terrain, de vous amener à revoir certaines hypothèses, de ne pas sacrifier aux idées reçues.

Votre projet est-il viable ?

Les choix stratégiques : quel produit, quel service, à quel prix ?

Pour un produit

Quelles sont les caractéristiques qualitatives de votre produit ?

Son image ? (attentes et désirs du consommateur)

Ses atouts techniques et technologiques (conformité aux normes) ?

En quoi se démarque-t-il de la concurrence ?

Comment son prix est-il calculé ?

Qu'est-ce qui déclenche l'achat ?

Ses faiblesses éventuelles ?

Votre produit nécessite-t-il des services spécifiques ?

Service après-vente, livraison à domicile...

Notice explicative

Conseils d'utilisation

Conseils de maintenance

Quelles sont les utilisations de votre produit ?

Avez-vous une gamme ?

Pour un service

(Questionnaire adapté de l'ouvrage *Entreprendre dans les services,* de Carole Logiez et Élizabeth Vinay, Dunod, 2006).

Quelle est votre activité principale (service élémentaire) ?

Avez-vous prévu des services périphériques pour séduire le client et favoriser sa fidélisation ?

À quels différents besoins répond le service ?

S'adresse-t-il à des segments de clientèle différents ?

Quelle est l'offre prévue pour chacun d'entre eux ?

Comment produire le service et organiser les tâches (le back office*) ?*

Avez-vous protégé votre idée de service ou votre concept s'il est novateur ?

Bien avoir en tête les contraintes d'un projet permet de mieux trouver des parades, de s'organiser pour en minimiser les impacts.

Exemples de contraintes pour un projet

LIÉES AU PRODUIT OU AU SERVICE	LIÉES AU MARCHÉ	LIÉES AUX MOYENS À METTRE EN ŒUVRE
FABRICATION : aléas de la production, de l'importation. DISTRIBUTION : parfois lente et délicate. Précautions à prendre au niveau de la protection de l'idée (propriété intellectuelle). Un produit peut être périssable, fragile, copiable, coûteux, un service à faible valeur ajoutée etc.	RÉGLEMENTATIONS : – barrières à l'entrée de la profession (qualification, caution financière, équipements aux normes, introductions dans le milieu…), – conditions d'exercice de l'activité pesante (réglementation pléthorique dans certains métiers). CYCLE DU PRODUIT : nouveau produit, marché en développement, marché mature... NATURE DE LA CLIENTÈLE : peu solvable, dispersée, infidèle, prise de décision longue, paiement tardif…	MOYENS HUMAINS : comment recruter, quelle organisation, compétences, sous-traitance… MOYENS TECHNIQUES : investissement, partenariats, local, normes, risques... MOYENS FINANCIERS : chiffrage grossier du projet en investissement et BFR.

Votre **politique commerciale** 7

Le *marketing mix*

Vous devez maintenant prévoir les moyens commerciaux permettant d'atteindre le chiffre d'affaires envisagé : bâtir la **politique commerciale** de votre entreprise. Ces moyens doivent être adaptés aux conditions de fonctionnement de votre marché et aux choix que vous avez fait quant au positionnement de votre produit. Ces éléments doivent être parfaitement cohérents entre eux.

On appelle « marketing mix » l'ensemble des décisions de marketing prises par une entreprise à un instant déterminé, pour un de ses produits ou pour l'ensemble de sa gamme.

Comme pour une recette de cuisine, ce n'est pas la simple addition d'un certain nombre d'ingrédients, mais leur association qui forme un tout différent des composants initiaux. Ce mélange s'appelle le *marketing mix*.

Les principales composantes du marketing mix sont :

→ la politique de produit ;

→ la politique de prix ;

→ la politique de distribution ;

→ la politique de communication.

Produit	Prix	Distribution	Communication
Qualité	Tarif	Choix des canaux de distribution	Force de vente
Caractéristiques Options	Rabais, remises, soldes	Zone de chalandise	Promotion des ventes
Style	Conditions de paiement	Stock et entrepôt	Relations publiques
Marque	Conditions de crédit	Logistique et moyens de transport	Fidélisation de la clientèle
Conditionnement			Publicité
Taille			Informations du consommateur
Garantie et SAV			

Sur chacune de ces composantes, vous devrez vous fixer une ligne de conduite.

Présenter ses produits sur Internet c'est bien, s'il s'agit d'un site vitrine.

Votre étude de marché vous a déjà permis de définir votre positionnement grâce à une stratégie de produit (ou de service) et à une politique de prix adaptée.

Reste à vous faire connaître, en choisissant des circuits de distribution (produits), des actions de communication afin d'acquérir une notoriété et de bâtir l'image de votre entreprise.

Proposer d'entrée de jeu une solution de commerce électronique entraîne cependant pour un créateur d'entreprise de nombreuses obligations, souvent trop lourdes au démarrage de l'activité.

Et si vous commenciez par créer une boutique sur une plate-forme comme eBay ou Price Minister ?
www.ebay.fr
www.priceminister.com

▷ Politique de distribution

Votre étude de marché vous permet de discerner les modes de distribution adéquats. Il s'agit de déterminer le ou les réseaux qui permet(tent) d'avoir la meilleure emprise sur le marché. Les possibilités d'innovation sont nombreuses grâce aux nouvelles technologies de communication (*e-business*…).

Un exemple de modes de distribution : les parts de marché des circuits de distribution de la lingerie féminine, en valeur et en 2005

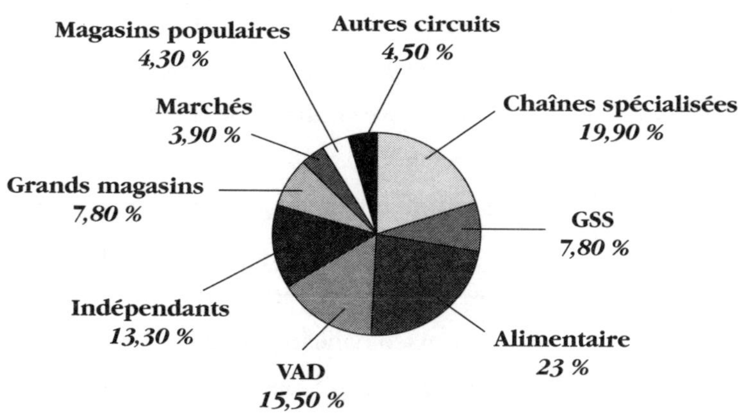

Source : Fédération de la lingerie (*www.lingeriefrancaise.com*).

> *Les questions de base pour un commerce :*
> *- En réseau ou indépendant ?*
> *- En centre ville ou à la périphérie ?*
> *- Une ou deux implantations ?*
> *- Quel niveau de service ?*
> *- Quelles franchises dans mon secteur ?*

C'est le point de départ d'une étude plus fine pour comprendre les facteurs d'évolution de la distribution et cerner les opportunités encore à saisir.

Même quand la question du choix du circuit de distribution ne se pose pas, chaque détail a son importance et fait partie d'une stratégie d'ensemble. Dans le cas d'un **commerce de détail**, selon que les produits sont distribués en libre-service ou non, que les marchandises disponibles sont stockées en réserve ou à disposition dans la boutique, etc., la structure du magasin, son aménagement, sa décoration, le choix du personnel (embauche, formation, tenue vestimentaire...), la localisation, le plan de trésorerie (charges fixes, vitesse de rotation des stocks), la politique de prix, de communication, etc., varieront.

> *Agent commercial ou VRP ? Un cabinet de recrutement spécialisé a publié un guide complet à ce sujet : Pourquoi et comment faire appel à des commerciaux indépendants ?* Exclusifs salariés, agents commerciaux, VRP multicartes : Comment faire le bon choix, Balland consultants, *Éditions action commerciale, Tél. : 01 46 99 97 74.*

▷ La force de vente

La force de vente est un autre élément majeur des actions relatives à la distribution, surtout lorsque l'entreprise souhaite personnaliser ses actions commerciales et atteindre une cible de clientèle bien identifiée. Selon une définition classique, la force de vente est composée d'hommes spécialement formés aux produits et aux clientèles. Elle est préconisée dans le cas où la cible est une clientèle identifiable et d'un nombre limité, ou encore quand l'entreprise vise la grande consommation.

Toutefois, même dans l'hypothèse où vous êtes le seul vendeur des produits ou services de votre entreprise, votre but n'est pas différent et les moyens de l'atteindre non plus.

Plus vous faites du commercial, plus vous rencontrez de prospects, de clients, plus vous augmentez votre chiffre d'affaires ; bloquez dans votre emploi du temps des périodes affectées aux actions commerciales.

Particulièrement adapté aux très petites entreprises, un guide astucieux pour bien vendre son produit ou ses services : Vendre ses prestations, *Joël Guillon, collection « les guides du freelance », Éditions d'Organisation, 2003.*

De nombreux ouvrages et revues traitent des techniques de vente et il est impossible de reprendre de manière exhaustive tout ce qui se fait en la matière. Toutefois, il est possible d'insister sur quelques points fondamentaux qui font appel au bon sens :

- pour être un bon vendeur, il faut vendre le bon produit à son exacte clientèle et parfaitement connaître l'un et l'autre ;
- une vente doit être conclue. Un vendeur n'est vraiment un bon vendeur que s'il sait conclure ses ventes ;
- une fois cette vente conclue, le vendeur doit conforter le client dans son achat afin de créer une relation de confiance qui permettra de conclure de nouvelles ventes à l'avenir.

Beaucoup de ces qualités s'acquièrent et se perfectionnent par l'activité professionnelle : à vous de vous perfectionner et de vous entourer de bons commerciaux !

La politique de communication

Vous devez faire connaître votre entreprise. Les actions de communication peuvent concerner les trois autres points du plan commercial : prix, produit, distribution.

On peut distinguer trois grands types d'actions :

1. Celles qui visent à « attirer le consommateur vers le produit ». Elles relèvent de **l'action publicitaire** à travers les médias le plus souvent. La **publicité** permet de diffuser de l'information visant à faire connaître un produit, une marque, une entreprise. L'objectif est d'attirer l'attention du public visé, de fixer son désir et de le pousser à concrétiser l'achat. Les moyens employés sont les documents publicitaires, la location d'espaces visuels et virtuels, de plages sonores et de matériels divers. Une agence de publicité peut être contactée pour orchestrer une campagne.

Le budget consacré à la communication au sens large atteint facilement 20 % du chiffre d'affaires pour une entreprise lors de la première année d'activité.

En fonction de votre budget, de l'étendue du rayon d'action et du type de support le plus efficace, vous pouvez choisir :

- l'insertion dans les Pages jaunes ;
- la signalétique et/ou la publicité sur le lieu de vente ;
- la distribution de prospectus, de cartes de visite ;
- la publication d'encarts publicitaires dans la presse locale ou spécialisée ainsi que dans les annuaires professionnels ;
- la diffusion d'annonces sur les radios locales ou au cinéma de quartier ;
- la publicité et le marketing direct sur Internet...

La meilleure des publicités reste le bouche à oreille.

Médias ou hors médias ? Le coût d'une communication médias est souvent trop élevé pour la jeune entreprise.

2. Celles qui visent à « pousser le produit vers le consommateur ». Elles relèvent de **l'action promotionnelle**. Celle-ci permet d'inciter ponctuellement à l'achat en accordant un avantage exceptionnel : journées portes ouvertes, inauguration, petits événements, dégustations, démonstrations, participation à des foires et salons professionnels, cartes de fidélité...

Quelques moyens promotionnels

- les coupons : documents qui certifient qu'une valeur en espèces ou en marchandises sera remise au consommateur possédant ces documents ;
- les cadeaux : objets généralement de faible valeur pouvant être des objets uniques ou des éléments d'une collection ;
- les échantillons : formes réduites d'un produit ;
- les concours : jeux dont les gagnants se voient proposer des cadeaux ou des avantages ;
- les offres à prix réduits : pendant une période limitée le produit est proposé à un prix inférieur au prix habituel ;
- les opérations spéciales : vente par lots alors que le produit est vendu habituellement à l'unité, ou vente par groupage de plusieurs produits, à prix réduits ;
- les bons de réduction : ils permettent d'économiser en achetant le produit.

3. Celles qui visent à « établir un contact direct avec le consommateur » : **le marketing direct**. Elles relèvent des actions de prospection (conquête) ou de relance (fidélisation de la clientèle) : porte-à-porte, prospection téléphonique, par courrier, fax avec coupon-réponse, e-mailing, sms mailing ou texto.

La rentabilité de quelques actions de marketing

Actions	Nombre moyen de contacts	Taux de succès
Coupons	100 000	0,1 à 10 %
Marketing téléphonique	2 000	5 à 10 %
Salle d'exposition	500	59 à 80 %
Mailing	100 000	0,5 à 3 %
Brochure	1 000	2 à 5 %
Contact direct	50 à 100/mois	30 à 50 %
Lettre personnalisée	50	1,2 à 1,5 %
Boîte aux lettres	10 000	0,5 à 3 %
Mailing fax	5 000	1 à 10 %

Enfin, mesurez **l'efficacité** de vos actions commerciales. Il n'est pas besoin d'être un grand annonceur pour entreprendre cette analyse. Par exemple, un photographe spécialisé dans les mariages compare le nombre et l'origine de ses contacts avec la clientèle (Pages jaunes, bouche à oreille, carte de visite laissée à la mairie ou chez un commerçant, publicité dans un journal...) avec le coût du moyen de communication utilisé.

Coût estimé des outils élémentaires de communication

Désignation	Création (prix approximatif)	Frais techniques (prix approximatif)
Logo	entre 1 220 et 2 300 €	310 €
Cartes de visite (500 ex.)		entre 230 et 310 €
Cartes commerciales (1 000 ex.)		1 à 2 couleurs : 310 à 390 €
Papier à en-tête (2 000 ex.)	230 €	Quadrichromie 450 €
Suite de lettre (2 000 ex.)	150 €	310 €
Cartes de vœux 2 volets (1 000 ex.)	390 €	entre 600 et 800 €

Désignation	Création (prix approximatif)	Frais techniques (prix approximatif)
Cartons d'invitation 2 volets (1 000 ex.)	460 €	600 à 800 €
Mailing d'information 2 volets (2 000 ex.)	De 700 à 1 380 €	entre 900 et 1 250 €
Plaquette commerciale 2 volets (1 000 ex.)	De 690 à 1 380 €	entre 1 200 et 1 600 €
Plaquette prestige 8 pages quadrichromie (1 000 ex.)	2 300 €	entre 3 800 et 4 600 €
Petite annonce recrutement	Prix global entre 230 et 310 € (hors achat d'espaces)	
Dossiers de presse	Rédaction du dossier (entre 10 et 20 pages) : 1 600 – 2 300 €	

L'image de l'entreprise

Les actions de communication reposent en grande partie sur des outils élémentaires **(cartes de visite, papier à en-tête, plaquette commerciale, petites annonces, site vitrine sur Internet...)** dont il est utile de connaître les coûts afin de déterminer le budget consacré à la communication. Il est important de **veiller à l'homogénéité de ces outils**, tant sur le plan du fond, des couleurs que du graphisme, afin qu'ils soient associés à l'entreprise, la rappellent sans cesse et lui permettent de se construire une identité propre.

C'est la cohérence entre ces éléments qui en fera l'efficacité.
Le recours à un conseil en communication peut être utile pour définir une image.

En effet, le créateur ne prend pas toujours le soin d'associer une image bien définie à son entreprise par le biais de ces documents, ce qui risque d'entraîner une confusion auprès de ses partenaires commerciaux et de sa clientèle. Une conséquence majeure en est que l'entreprise perd tout le bénéfice de cette action de communication dont le but est justement de conférer une identité distinctive à ce qu'elle représente.

Bilan : le choix des actions

En pratique, il est impossible de trouver un ensemble type d'actions commerciales qui correspondent à l'entreprise en création car chaque projet est différent. Vous devez donc faire preuve d'adaptabilité. Dans certains secteurs d'activité, ce sont les techniques marketing qui vont prédominer ; dans d'autres c'est la force de vente ou le circuit de distributeurs qui fera la différence ; dans de nombreux services, ce sont les relations publiques informelles qui prédominent.

L'étude de marché permet de se constituer un réseau, voire de le relancer et de le solliciter. À charge pour vous de l'entretenir en participant à des échanges professionnels, en adhérant à une association, etc.

Les relations publiques : elles consistent à établir avec tous les publics de son environnement le meilleur climat de relations pour obtenir une attitude favorable. Elles reposent sur des brochures, l'organisation d'événements comme une soirée d'inauguration, des interviews, des congrès, des visites, des salons, les relations avec la presse, les rédactionnels, etc. Entretenir son **réseau** est alors capital. Les plus chanceux bénéficient d'opérations de sponsoring ou de mécénat.

EXEMPLE

Pratiques commerciales pour l'artisanat du BTP

- *publicité (Pages jaunes, annuaires professionnels, presse quotidienne ou spécialisée) ;*
- *consultation des appels d'offres ;*
- *participation à des expositions ;*
- *contacts réguliers avec des chefs d'entreprise et des responsables administratifs locaux ;*
- *appartenance à un groupement ;*
- *appartenance à des réseaux mis en place par des fabricants ;*
- *recommandations par un tiers (le bouche à oreille).*

Supports commerciaux :

- *utilisation des fichiers clients permettant de faire des mailings, d'envoyer des vœux ;*
- *établissement de devis et relance après un devis ;*
- *information des clients au sujet des avantages fiscaux ;*
- *press-book sur les réalisations menées.*

Source : CAPEB, www.capeb.fr

Les actions retenues vont également dépendre des caractéristiques de la clientèle cible.

Le niveau de qualité des supports de communication utilisés est déterminant pour la réussite de ces actions. Sachez vous entourer des professionnels qui vont concevoir des dépliants, rédiger des lettres, des coupons-réponses...

Vous devez prendre le temps de réfléchir au but poursuivi (prospecter, informer, fidéliser...) pour élaborer une stratégie efficace qui permette d'atteindre vos objectifs. Vous devez également comprendre les comportements des acheteurs potentiels pour leur proposer des offres pertinentes (profil type, comportement, attentes, principales motivations, volumes d'achat, modes de règlement...).

Soulignons qu'il est nécessaire de prévoir les techniques de communication qui sont les plus adaptées au produit, au budget et à la cible (mailing, fax-mailing, encart-presse...), sans oublier de sensibiliser et mobiliser vos commerciaux. Les meilleures actions de communication directe resteront sans effet si les contacts qu'elles génèrent ne sont pas traités d'une manière systématique et pertinente (suivi, mise à jour, réponses aux objections, traitement des plaintes, personnalisation de l'accueil, de la communication, création de visuels...).

> *La meilleure communication c'est d'abord... l'écoute, le sourire et l'accueil réservé à vos clients. Combien de commerces ou d'entreprises de services gagneraient à employer un personnel motivé, aimable, disponible et réellement professionnel ? Et le chef d'entreprise se doit de donner l'exemple.*

Il est difficile de tout maîtriser et d'être à la fois un bon stratège, un rédacteur de talent, un concepteur créatif, un bon conseil en plans fichiers, un spécialiste du traitement informatique des fichiers et un graphiste... C'est pourquoi, il est souvent nécessaire de recourir aux compétences de plusieurs professionnels de la communication.

Récapitulatif des actions commerciales par type de clientèle

La clientèle identifiable en nombre limité

Moyens à privilégier

- Tous les vecteurs de l'identité de l'entreprise : papier à lettres, carte de visite.

- Les outils d'aide à la vente : argumentaire, documentation, catalogue, petits objets qui peuvent être remis lors d'un rendez-vous et qui feront penser à l'entreprise (gadgets, stylos...).
- Le marketing direct : mailing, téléphone, sur la base de fichiers.
- Les relations publiques : invitation à déjeuner, inauguration, journée porte ouverte, participation à des événements du milieu (compétition, jeu, prix...).
- Presse, magazines spécialisés et professionnels. À utiliser avant le programme de visite ou le marketing direct, pour faire connaître l'entreprise et ses produits ou prestations ; cela peut faciliter les prises de rendez-vous. Faire partie des entreprises sélectionnées par la presse permet de développer une image forte.

Ce type de clientèle nécessite beaucoup de contacts directs et personnalisés avec vos prospects : prévoyez du temps avant de vous lancer !

- Les annuaires professionnels et de clubs.

Conseils à suivre

- Déterminer le « plus » de votre produit, innover sur le produit en fonction de la demande et de la concurrence, bien fixer le prix et savoir l'adapter.
- S'imprégner du style de la clientèle. Il existe un langage propre, des codes, des habitudes dont il faut absolument tenir compte à la fois pour la sélection des moyens mais aussi pour le message à émettre. Il ne faut pas employer la même approche avec le sportif, le créatif et le paramédical, par exemple.

Vous ouvrez un commerce : prévoyez une inauguration, vérifiez que vous faites partie des guides de la ville, du site Internet municipal, envoyez une information sur vos produits au journaliste de telle revue, etc.

→ Être pertinent dès le départ, s'en assurer en faisant des tests avant de se lancer.

→ Tirer bénéfice du bouche à oreille.

→ Essayer de favoriser au maximum les contacts directs et personnalisés, vendre par visite, communiquer par mailing, relancer par téléphone.

La clientèle localisée

Moyens à privilégier

→ Choisir un emplacement avec le plus grand soin, se démarquer de la concurrence par des actions commerciales originales et en commençant par présenter une vitrine ou une façade attrayante (importance de la décoration, de la présentation, de l'éclairage et des techniques de *merchandising*).

Le merchandising *permet d'augmenter le chiffre d'affaires d'un point de vente en ne négligeant aucun détail : emplacement des produits, sens de la circulation, publicité sur le lieu de vente, éclairage... Toute une ambiance qui doit éveiller les cinq sens du consommateur !*

→ Faire venir les prospects par une publicité très locale, une recherche très ciblée, une promotion très personnalisée :
- si l'entreprise est située dans une petite zone de type quartier et si le public est « indifférencié », la diffusion de dépliants et de tracts est un moyen non coûteux de couvrir la cible ;
- si la clientèle est limitée à une population bien ciblée, par exemple les automobilistes, il est possible d'utiliser la technique des tracts au feu rouge ou sur le pare-brise.
- si la clientèle se situe dans les hauts revenus, il est préférable de lui adresser un mailing comprenant une lettre personnalisée et une offre spéciale ;

- si la localisation est plus vaste (agglomération, département) des moyens plus classiques peuvent être employés : presse quotidienne régionale, radios locales (surtout si la cible est jeune), journaux gratuits.

→ Faire revenir les prospects, dès la première vente, penser à la prochaine en rassurant l'acheteur (en lui proposant une garantie de satisfaction...) afin d'établir une relation de confiance pérenne.

→ Faire une place importante au service, et créer un **fichier de la clientèle** nécessaire à la réalisation de nouvelles actions commerciales ciblées.

Sélectionnez deux ou trois supports, établissez un calendrier pour l'année ; le message publicitaire doit être répétitif ! Observez vos concurrents !

→ Le téléphone sera approprié dans le cas d'une clientèle très sélective à laquelle il faudra proposer, par exemple, des offres concrètes et promotionnelles.

→ Ne pas hésiter à créer des événements dans la rue ou ailleurs. Même sur une base géographique limitée, les relations publiques sont efficaces et créent la notoriété.

Conseils à suivre

→ Identifier parfaitement les clients potentiels. Le couple offre/client détermine non seulement le moyen mais aussi le message.

→ S'assurer que son offre est au point avant de lancer la campagne de communication.

→ Optimiser les atouts propres à l'activité de l'entreprise tels que la localisation, la vitrine, l'enseigne, le décor.

La clientèle diffuse

Moyens à privilégier

→ Les foires et les salons qui permettent d'entrer en contact direct avec les clients et de se créer un fichier d'acheteurs potentiels. Exemple : l'éleveur de chiens a intérêt à être présent à certains concours.

> *La clientèle diffuse se repère aussi sur Internet ! Recherchez les sites favoris, les forums de discussion ou les blogs sur tel ou tel sujet... et faites de la pub !*

→ Les annonces presse avec bons à découper. Il s'agit de l'approche de marketing direct la plus appropriée, qui permet de se constituer un fichier de clients. Choisir des titres adaptés à la cible et un texte cohérent avec le produit ou l'entreprise. Prévoir un matériel documentaire en quantité suffisante dans l'hypothèse où cette campagne de communication aurait suscité la demande.

→ Relations publiques : face à ce type de clientèle, il faut essayer de créer un événement qui attire l'intérêt des leaders d'opinion ou des journaux.

Conseils à suivre

> *Toute l'approche commerciale dans ce type de clientèle est fondée sur les relais d'opinion, les prescripteurs qu'il faut rencontrer et convaincre.*

→ La grande difficulté de ce type de clientèle est liée au repérage. Il faut donc cerner vite et bien la cible prioritaire. Il est bon de tester deux cibles différentes avant de se lancer pour établir une comparaison.

→ Faire le choix de se limiter géographiquement.

→ Chercher d'abord à exploiter les relais d'informations que sont les **prescripteurs** et les **experts** ou bien les **médias**. Ce sont

ces prescripteurs et centres d'influence qu'il faut convaincre.
Exemple pour un hôtel dans une station balnéaire : les offices du tourisme, les pages tourisme, les journaux.
Pour un restaurateur de tableaux : les commissaires-priseurs, les propriétaires de galeries d'art, les antiquaires...

→ Lorsque le premier noyau de clients existe, il peut être judicieux de mettre en place un système de parrainage. Dans les contacts avec les fournisseurs, vous pouvez établir un courant de relations privilégiées en sous-traitant avec ceux qui sont en amont de l'activité de l'entreprise.

La clientèle de grande consommation

Moyens à privilégier

→ Les grands médias (en général).

→ Le conditionnement du produit.

→ La création de matériels (PLV, affichettes...).

→ La création d'un discours argumenté sérieux et séduisant.

→ Les relations presse.

→ Les foires et salons.

→ La promotion dès le début du cycle de vie du produit. L'objectif pour tout nouveau produit est qu'il soit essayé. S'il donne satisfaction, il sera racheté.

Pour ce type de clientèle, il faut absolument faire appel à un cabinet d'études de marché spécialisé, en relation avec une agence de communication.

Conseils à suivre

→ Faire un prétest. Vérifier *a priori* les goûts des clients.

→ Ne pas croire que quelques campagnes de publicité soient suffisantes. Il faut, en outre, être sûr de son produit, de ses performances et de son intérêt. Il doit être communicatif par son nom et par son conditionnement.

→ Avant de se lancer dans la publicité, s'assurer que le produit est bien distribué.

Le site LSA, le magazine de la grande consommation, devra être consulté en priorité ! www.lsa.fr

→ Si le budget disponible ne permet pas d'atteindre une pression minimale dans le média qui correspond au profil des consommateurs ciblés, ne pas se lancer. Le « saupoudrage » est inutile !

→ Communiquer en direction de la distribution et du consommateur : conditionnement, publicité, promotion.

Pour viser juste, **adaptez vos actions *commerciales*** et ***de communication*** à votre **cible**

1. Le choix de vos actions commerciales

ACTIONS	MOYENS	COÛT	TEMPS	RÉSULTATS ET COMMENTAIRES

2. Le choix de vos actions de communication

ACTIONS	MOYENS	COÛT	TEMPS	RÉSULTATS ET COMMENTAIRES

Check-list pour une étude de *marché* 8

▷ L'étude macroéconomique

→ Quelles sont les grandes lignes du projet initial ?

→ Quel est le marché principal, secondaire ?

→ Quelle est la demande sur ce marché ?

→ Qui sont les clients ou les prescripteurs, leurs motivations ?

→ Quelle est l'offre globale (concurrence directe ou indirecte et produits de substitution) ?

→ Forces et faiblesses de la concurrence (facteurs de succès dans la profession).

→ Comment est organisée la filière (fabricants, fournisseurs, intermédiaires, prescripteurs, circuits de distribution et leur évolution) ?

→ Quelle est l'évolution générale du marché (la demande croît-elle ?)

- À quelle phase de développement se situe ce marché ?
- Quel est l'environnement (réglementations, qualification, normes européennes, nouvelles technologies, facteurs sociaux et culturels, fiscalité…) ?
- Y a-t-il une place pour de nouveaux venus sur ce marché (nombre annuel de création d'entreprises, de défaillances, ticket d'entrée en termes d'investissement ou de qualification…) ?
- Quelles sont les principales sources d'informations, où aller en repérage professionnel ?

L'enquête micro ou de terrain

- Étude très poussée des futurs concurrents.
- Repérage des clients potentiels et de leurs besoins (mise en position de vente, enquête en direct auprès des clients ou des prescripteurs).
- Segmentation de la clientèle (tel produit ou tel type de service pour tel public).
- Repérage de la zone de chalandise ou du marché de proximité, enquête sur le terrain.
- À la rencontre des experts (voisins, élus, fournisseurs, concurrents, jeunes créateurs, syndicats, conseils en création d'entreprise…).
- Étude à l'aide d'un questionnaire.
- Réalisation par un tiers d'une étude quantitative et/ou qualitative.
- Test, quand c'est possible, du produit ou du service.

▷ Les leçons de l'étude de marché : quoi vendre précisément, à qui, où, combien, comment ?

→ Présentation du projet en quelques mots.

→ Positionnement du produit ou service.

→ Comment se différencier des concurrents ? Quelle est la valeur ajoutée ?

→ Estimation du CA prévisionnel.

→ Analyse de toutes les contraintes.

→ Le projet est-il cohérent (savoir-faire, disponibilités financières, organisation, répartition des tâches) ?

→ Modification du projet initial, voire abandon.

→ En cas de création, définition de la politique commerciale pour présenter le produit ou service (prix, délais, distribution...).

→ Mise en place d'une stratégie de communication pour faire connaître l'entreprise (Pages jaunes, radios, médias, mailing, bouche à oreille...).

Les *sources* d'information

9

En croisant différentes sources et en vérifiant l'origine et la date des informations recueillies, il est possible d'obtenir des données fiables sur une activité. Voici les principales sources d'information sur votre **secteur**, par grands thèmes :

1. Les informations diffusées par l'APCE.
2. Les métiers et les formations par activité.
3. La réglementation des activités.
4. La presse professionnelle.
5. Les organisations professionnelles.
6. Les annuaires professionnels.
7. Les manifestations professionnelles.
8. Les revues, bases de données et ouvrages.

9. Les organismes spécialisés : centres de documentation, centres techniques…
10. Les fichiers d'entreprises.
11. Les statistiques officielles.
12. Les cabinets proposant des études de marché.
13. Une étude de marché à l'étranger.
14. Une étude des marchés innovants.

NB : certaines sources se retrouvent naturellement dans plusieurs rubriques.

Les informations diffusées par l'APCE

L'APCE a édité 130 fiches professionnelles qui décrivent et analysent la création ou la reprise d'entreprise par métier. Au sommaire de chaque fiche, qui comprend une trentaine de pages :

→ définition de la profession ;

→ éléments pour une étude de marché ;

→ moyens nécessaires pour démarrer l'activité ;

→ éléments financiers ;

→ règles de la profession ;

→ contacts et sources d'information ;

→ bibliographie.

Retrouvez la rubrique « Informations sectorielles » du site de l'APCE avec les principales sources d'information : liens, ouvrages, actualités, réglementations, organismes, manifestations... www.apce.com

Les fiches professionnelles de l'APCE sont actualisées tous les deux ans. Retrouvez la liste des fiches sur le site de l'APCE.

Il existe par ailleurs sur le site de l'APCE une rubrique consacrée aux activités réglementées et une rubrique dédiée aux informations sectorielles.

Les métiers et les formations par activité

Les sources ci-dessous présentent des documents structurés (en général des fiches) sur différents métiers et les formations qui y préparent. Peu d'entre eux abordent cependant la création d'entreprise : il s'agit des formations pour obtenir une qualification.

- L'UPA (Union professionnelle artisanale) propose sur son site environ 70 fiches professionnelles. L'UPA réunit 50 fédérations professionnelles nationales et 4 500 syndicats départementaux, regroupés au sein des trois confédérations professionnelles de l'artisanat : la CAPEB (Confédération de l'artisanat et des petites entreprises du bâtiment), la CNAMS (Confédération nationale de l'artisanat, des métiers et des services), la CGAD (Confédération générale de l'alimentation en détail).

  www.upa.fr

- Le CIDJ — Centre d'information et de documentation jeunesse — publie des fiches métiers accessibles à partir de la rubrique « Métiers et filières ». On peut aussi accéder au portail réservé exclusivement aux métiers.

  www.cidj.com
  www.metiers.info

- L'ONISEP — Office national d'information sur les enseignements et les professions — met en ligne 400 fiches métiers.

  www.onisep.fr

Les organismes de formation constituent avec les cabinets de recrutement spécialisés et les revues professionnelles, une piste possible en vue de recruter vos salariés, sans oublier l'ANPE.

→ FRANCE 5 EMPLOI diffuse sur son site Internet 100 fiches métiers (rubrique « Zoom »). Description du métier et rubrique « En savoir plus » : ouvrages et organismes.

www.france5.fr

→ L' AIRCGA — Association interrégionale des centres de gestion agréés — regroupe 13 centres de gestion agréés. Son site diffuse des informations sur les comptes des entreprises par profession.

www.infotpe.com

→ La SEMA — Société d'encouragement aux métiers d'art — présente en ligne des fiches synthétiques sur le secteur et ses métiers à partir de la rubrique « Les métiers d'art ».

www.metiersdart-artisanat.com

→ Le ROME, répertoire opérationnel des métiers et des emplois de l'ANPE, donne des informations sur les emplois dans un secteur d'activité précis.

http://rome.anpe.net/candidat/index.php

De nombreux portails de la formation existent sur Internet :

- *www.formaguide.com*
- *www.jetudie.com*
- *www.formatel.com*
- *etc.*

→ *L'Étudiant* propose sur son site Internet un guide présentant 600 métiers classés par secteur.

www.letudiant.fr

→ Le CDIVM — Centre de documentation et d'information vidéo métier — a été créé afin de faciliter la diffusion d'informations sur les métiers qui recrutent.

www.euro-france.net

→ L'APEC — Association pour l'emploi des cadres — diffuse sur son site, des fiches métiers et secteurs.

www.apec.fr

→ CENTRE INFFO — Centre pour le développement de l'information sur la formation permanente — propose sur son site une base de données des titres et diplômes homologués.

www.centre-inffo.fr

La réglementation des activités

L'ouverture de certains commerces et l'exercice de certaines activités sont soumis à une réglementation spécifique (obtention d'un diplôme ou expérience professionnelle, autorisation, déclaration préalable, garantie).

D'autres pistes pour connaître la réglementation de votre activité sont exposées page 44 de cet ouvrage.

La chambre de commerce et d'industrie de Toulouse publie un *Guide des activités réglementées*. Il est mis à jour de façon annuelle. Il n'existe qu'en version papier et CD-Rom. Tél. : 05 61 33 65 01.

De plus en plus de chambres de commerce et d'industrie proposent des informations sur certaines activités réglementées.

Exemple : CCIP — chambre de commerce et d'industrie de Paris — service Inforeg, *www.inforeg.ccip.fr* et *www.inforeg.ccip.fr/fiches/act_regl.htm*. Tél. : 08 92 705 100.

La presse professionnelle

La presse spécialisée est une source d'informations très importante. On y trouve des données sur le marché, la consommation, les produits, les entreprises du secteur, l'évolution de la réglementation, les manifestations professionnelles et autres actualités. Un bon moyen de mieux connaître l'ambiance, la culture du secteur d'activité !

L'abonnement aux revues de votre secteur est une nécessité. N'oubliez pas les lettres d'information diffusées par votre fédération professionnelle.

Quelques contacts pour identifier les revues spécialisées :

→ Le site de l'annuaire TARIF MEDIA permet d'identifier les titres qui contiennent de la publicité. Une version papier existe.

www.tarifmedia.com

→ La FNPS — Fédération nationale de la presse d'information spécialisée — regroupe près de 1 500 publications classées par secteurs.

www.fnps.fr

→ ISM — Institut des métiers. Leur site Internet est très bien pensé. Voir la liste alphabétique des éditeurs et revues à partir de la rubrique « Base documentaire/Recherche documentaire » puis « Téléchargement » : pour chaque titre, les coordonnées de l'éditeur sont précisées.

www.ism.asso.fr

Les organisations professionnelles

Ces organismes ont un site qui présente, de façon plus ou moins développée, leurs activités, l'actualité, les données économiques du secteur et les publications qu'ils diffusent à leurs adhérents. Pour les identifier et trouver leurs coordonnées :

→ MEDEF, Mouvement des entreprises de France : son annuaire permet d'obtenir les coordonnées des groupements professionnels adhérents à partir notamment des secteurs d'activités ou des sigles. Disponible en version papier et sur le site.

www.medef.fr

→ APCM — Assemblée permanente des chambres de métiers : annuaire des organisations professionnelles accessible par secteur d'activité.

www.apcm.com

> *Il est bien difficile d'obtenir une liste exhaustive des fédérations professionnelles... Toutes n'adhèrent pas au MEDEF. Certaines sont plus représentatives que d'autres. Il ne faut pas non plus confondre fédération professionnelle patronale (les chefs d'entreprises) et fédération syndicale (les salariés).*

→ Pour les organismes officiant dans le secteur de l'artisanat, voir aussi le site de l'ISM (Institut des métiers).

www.ism.asso.fr

→ Site Internet de l'INSEE : rubrique « Services » puis « La France des services ». En annexe vous trouverez les organismes professionnels du secteur tertiaire.

www.insee.fr

→ ACFCI — Liste des organisations sectorielles du commerce et des services.

www.acfci. cci.fr/commerce/ documents/organisationssectorielles.pdf

▷ Les annuaires professionnels

De nombreux annuaires sont consultables dans les grandes bibliothèques, les chambres consulaires, les ANPE et les antennes de l'APEC... Les annuaires professionnels permettent d'identifier les fournisseurs, distributeurs, grossistes et concurrents.

→ Le SNA, Syndicat national des annuaires, regroupe 30 éditeurs d'annuaires. Une base de données est disponible sur le site pour connaître les annuaires par secteurs d'activités.

www.sna.asso.fr

→ La CCIP, Chambre de commerce et d'industrie de Paris, a mis en ligne son Répertoire des annuaires professionnels français.

www.ccip.fr

→ L'ADETEM édite un annuaire des organisations qui réalisent des études de marché.

www.adetem.org

→ SYNTEC : annuaire des études marketing et d'opinion.

www.syntec-etudes.com

→ *Annuaire statistique de la France*, Éditions INSEE annuel — 21 × 30 cm — 1 052 pages + CD-Rom.

www.insee.fr

→ Quelques bases de données sur les entreprises :

www.euridile.inpi.fr
www.societe.com
www.infogreffe.fr
Etc.

Et aussi :

→ Kompass France le portail des entreprises.

www.kompass.fr

→ *Le Bottin des entreprises*, annuaire spécialisé, par secteur, des entreprises françaises.

www.bottin.fr

Comment trouver vos fournisseurs ? Consultez les annuaires professionnels, rendez-vous sur les salons et interrogez votre organisme professionnel.

L'APCE vous donne à la rubrique « contacter des fournisseurs » des conseils pour nouer des relations avec eux.
www.apce.com

Les fournisseurs refusent de donner leurs tarifs ? Présentez-vous comme une entreprise en cours de formation ou d'immatriculation.

Les manifestations professionnelles

En se rendant dans un salon professionnel, vous êtes déjà sur le « terrain ». Quoi de mieux pour sentir le climat, l'ambiance d'une profession, les tendances du marché ?

Un salon, cela se prépare ! Planifiez votre visite, notez vos investigations, assistez à des conférences.

Pour les identifier :

→ Site de l'APCE, rubrique « Foires et salons » de l'annuaire de liens (puis rubrique : « développer son entreprise »).

www.apce.com

→ CCIP, calendrier des foires et salons en Europe et calendrier des foires et salons à Paris. Accès par secteur d'activité.

www.ccip.fr

→ La DCASPL, Direction du commerce, de l'artisanat des services et des professions libérales répertorie la plupart des salons professionnels partout en France.

www.foiresetsalons.pme.gouv.fr

Un site pour trouver tous les salons professionnels dans le monde : www.forumexpo.fr

→ Foires et salons de France.

www.foiresalon.com

→ UBIFRANCE, Agence française pour le développement international des entreprises, pour les salons à l'étranger.

www.ubifrance.fr

→ Les salons sur la création d'entreprise comportent généralement une conférence dédiée à l'étude de marché. C'est le cas du salon des entrepreneurs et du salon de la micro-entreprise.

www.salondesentrepreneurs.com
www.salonmicroentreprises.com

Sur l'approche marketing, il existe un salon spécialisé : le salon SEMO, salon des études marketing média et opinion, organisé régulièrement par Tarsus/groupe MM.

www.groupemm.com
Tél. : 01 41 18 86 18

Les revues, bases de données et ouvrages

Les ouvrages ou articles de fond permettent d'approfondir la connaissance du secteur ou du métier. Par ailleurs, ils relatent parfois des cas de création d'entreprise.

Le pôle prisme de la BNF présente plus de 7 000 documents et 200 revues professionnelles sur les marchés, ainsi que plus d'un millier d'études de marché et d'analyses sectorielles sur la France.

Ces ouvrages ou articles pourront être repérés en interrogeant des **bases de données** en ligne, réalisées par différents organismes spécialisés. Les bibliothèques consacrent parfois une partie de leur fonds à l'information économique et sectorielle. C'est le cas pour certaines grandes bibliothèques : La Bibliothèque nationale de France avec Prisme (Pôle de ressources et d'information sur le monde de l'entreprise), la médiathèque de la Cité des Sciences et de l'Industrie de la Villette… Certaines d'entre elles proposent également leurs catalogues sur Internet. Pour les identifier :

→ Base bibliographique de l'APCE.

www.apce.com

→ BNF, Bibliothèque nationale de France, département Prisme.

www.bnf.fr

→ Médiathèque de la Cité des sciences et de l'industrie.

www.cite-sciences.fr

De nombreuses bases de données dépouillent les publications françaises et étrangères : Europresse, Business Source Premier, etc. Renseignements dans les grandes bibliothèques.

→ Base de données d'ELECTRE, filiale commerciale du Cercle de la librairie, organisme interprofessionnel de promotion du livre. Son site ne permet la consultation de cette base qu'aux seuls abonnés. Pour une consultation ponctuelle, il faudra donc interroger la base accessible sur le service minitel 3617 ELECTRE.

www.electre.com

→ ISM, Institut supérieur des métiers : à partir de la rubrique « Recherche documentaire », il est possible d'obtenir des références bibliographiques à partir d'un mot-clé.

www.ism.asso.fr

Par ailleurs, différents **éditeurs** publient des **ouvrages sectoriels** destinés aux créateurs d'entreprises.

L'APCE publie des guides métier : Vendez sur les marchés, Ouvrez un restaurant, Devenez consultant, Ouvrez un gîte rural, Devenez artisan du BTP, Ouvrez un magasin.

→ ACFCI, Assemblée des chambres françaises de commerce et d'industrie. Elle publie des ouvrages sectoriels pour les futurs hôteliers, restaurateurs, propriétaires de camping, les agences de voyages…

www.acfci.cci.fr puis « publications »

→ SID Éditions, collection dossiers.

www.tpe-pme.com

→ *Rebondir*, dossiers « idées ».

www.rebondir.fr

→ Éditions Dunod, ouvrages de la collection « Entrepreneurs ».

www.dunod.com

→ Arcane Institut, plusieurs ouvrages.

www.arcane-france.com

→ Éditions MCMG, collection « mémo-métier ».

www.memometier.com

▷ Les organismes spécialisés : centres de documentation, centres techniques…

Ces organismes permettent d'approfondir des points particuliers et de rencontrer des spécialistes du domaine.

→ OSÉO, né en 2005 du rapprochement de l'ANVAR et de la BDPME, réalise des bilans sectoriels présentant notamment un état du secteur.

www.oseo.fr

→ ADBS : l'Association des professionnels de l'information et de la documentation répertorie de nombreux sites web thématiques.

www.adbs.fr

→ CCFR : le catalogue collectif de France permet de consulter le Répertoire national des bibliothèques et des centres de documentation (RNBCD) et de localiser plus de 14 millions de documents, conservés dans les principales bibliothèques municipales, universitaires et de recherche françaises.

www.ccfr.bnf.fr

→ BPI : la Bibliothèque publique d'information du centre Pompidou (Beaubourg) réalise un répertoire d'adresses de bibliothèques et de centres de documentation, situés à Paris ou dans la région parisienne : il s'agit de Oriente Express.

www.bpi.fr

> *Il existe de nombreux centres techniques par spécialité :*
> - *Centre technique du cuir,*
> - *Centre technique du bois et de l'ameublement,*
> - *Institut français du textile et de l'habillement, etc.,*
>
> *à retrouver sur* www.reseau-cti.com

→ La Documentation française diffuse de nombreux ouvrages sur l'actualité administrative et publie un « Répertoire permanent de l'administration française » permettant de savoir à qui s'adresser lorsque l'on téléphone à un service administratif.

www.ladocumentationfrancaise.fr

Les fichiers d'entreprises

> *Pour vérifier s'il existe un fichier commercialisé qui correspond à votre besoin, le plus simple est d'effectuer une recherche sur le site Internet du Guide des fichiers marketing :* www.gfm.fr.
> *En tapant un ou plusieurs mots-clés, vous obtiendrez la liste des fichiers disponibles, leur description ainsi que les coordonnées des sociétés qui les distribuent.*

Les fichiers d'entreprises permettent d'identifier les entreprises d'un secteur : concurrents, fournisseurs, clientèle… Leurs informations sont utilisées notamment pour lancer des opérations de marketing comme le mailing.

→ ADETEM (Association nationale du marketing), publie notamment un annuaire des sources d'information marketing sur Internet.

www.adetem.org

→ Le Syndicat national de la communication directe (SNCD) : vous trouverez sur son site Internet les coordonnées des professionnels qui se sont engagés à respecter les codes déontologiques mis en place par le SNCD.

www.sncd.org

→ La Poste commercialise également des fichiers et peut distribuer des petites quantités d'adresses. Elle a notamment une offre particulière en direction des petites entreprises. N'hésitez pas à vous rapprocher d'un conseiller de votre bureau de poste, le site de La Poste propose également une rubrique marketing.

www.laposte.fr

▷ Les statistiques officielles

Les statistiques officielles comportent des chiffres et des analyses sur les secteurs d'activités. Il se peut toutefois qu'une nouvelle activité soit mal cernée par la classification officielle (la NAF).

De nombreux ministères ont développé des sites riches en informations sectorielles, rapports, études... Retrouvez la liste des ministères sur : www.premier-ministre.gouv.fr

Et toute l'offre du portail de l'administration sur : www.service-public.fr/aide/plan.html

→ INSEE, Institut national de la statistique et des études économiques et site dédié à la création d'entreprise.

www.insee.fr

→ L'INSEE dispose notamment de données adaptées à la création localisée d'entreprises (outil d'aide au diagnostic d'implantation locale, ou Odil), ainsi que des informations sur la concurrence dans une zone choisie, le secteur d'activité, la clientèle, l'environnement économique local...

www.creation-entreprise.insee.fr
(voir détails en annexe)

→ CNIS, Conseil national de l'information statistique.

www.cnis.fr

→ Les statistiques publiques des douanes, des ministères ou des administrations.

www.douane.gouv.fr

→ SESSI, service des études et des statistiques industrielles en liaison avec l'INSEE et le ministère de l'Industrie.

www.industrie.gouv. fr/sessi

→ INPI, Institut national de la propriété industrielle.

www.inpi.fr

▷ Les cabinets proposant des études de marché

Il existe des cabinets proposant des études de marché ou des analyses sectorielles. Ces documents sont en général assez onéreux et destinés, la plupart du temps, à être utilisés par des entreprises de taille importante. Ils représentent néanmoins une source d'informations générales sur un marché : tendances, consommation, principaux acteurs…

Les études sont trop chères ? Certaines grandes bibliothèques les ont dans leurs rayons. Les cabinets mettent parfois sur leur site des résumés ou des présentations de ces publications, fournissant quelques éléments d'information.

→ XERFI, portail d'études sectorielles par cet institut d'études économiques spécialisé dans les prévisions.

www.xerfi.fr

→ OSÉO, le site présente les études de quelques secteurs d'activité que l'organisme soutient particulièrement.

www.oseo.fr

Les services d'études des banques, administrations, grandes entreprises... publient des études sectorielles. Avec un peu de chance, vous tomberez peut-être sur une étude en libre accès qui vous intéresse !

www.plusdetudes.com : *la librairie en ligne des études de marché.*

→ COFACE, moteur de recherche d'informations financières et commerciales, études sectorielles.

www.cofacerating.fr

→ DAFSA, réalise des études sectorielles et des études *ad hoc* pour certains clients.

www.dafsa.fr

→ EUROSTAF, réalise et publie des études économiques et financières.

www.eurostaf.fr

→ BIPE, bureau d'informations et de prévisions économiques.

www.bipe.fr

▷ Les instituts de sondage et d'opinion

Ces organismes connus pour sonder l'opinion politique des Français, réalisent notamment des études sur la consommation des ménages. Elles sont onéreuses mais bien relayées par la presse.

Les études sur l'opinion des consommateurs, leurs motivations sont bien relayées par les fédérations professionnelles et les grandes entreprises commanditaires.

Les principaux organismes de sondage et d'opinion sont : TNS-SOFRES, IPSOS, IFOP, CSA-TMO, Louis Harris, BVA, SECODIP, Demoscopie, Nielsen...

→ Retrouvez tous les organismes sur le site du syndicat professionnel SYNTEC ÉTUDES.

www.syntec-etudes.com

→ N'oubliez pas les enquêtes de consommation du CREDOC, Centre de recherche pour l'étude et l'observatoire des conditions de vie.

www.credoc.asso.fr

→ La CNJE, Confédération nationale des 112 juniors entreprises, regroupe des étudiants des grandes écoles qui peuvent réaliser une étude de marché.

www.cnje.org

Exemple cité dans cet ouvrage : Conception Ouest, la junior entreprise de Paris X Nanterre.

p. 109

http://conceptionouest.free.fr

Une étude de marché à l'étranger

→ DGTPE, direction générale du trésor et de la politique économique (née de la fusion de la DREE, Direction des relations économiques extérieures et de la Direction du trésor).

139, rue de Bercy, 75012 Paris
Tél. : 01 40 04 04 04
www.exporter.gouv.fr

Vous voulez créer une entreprise à l'étranger ? Consultez la rubrique correspondante sur le site de l'APCE.

La DGTPE est le pivot central du dispositif public. Elle met en place la politique gouvernementale en matière de développement international des entreprises. Elle coiffe également les missions économiques à l'étranger et les DRCE, Directions régionales du commerce extérieur. Les 23 DRCE assurent la connaissance, au niveau régional, des procédures en matière de commerce extérieur. Le CFCE communique leurs adresses dans chaque région.

→ Agence UBIFRANCE

En février 2004, le CFCE et l'association UBIFRANCE ont réuni leurs compétences pour créer la nouvelle agence Ubifrance (Agence française pour le développement international des entreprises).

14, avenue d'Eylau, 75116 Paris
Tél. : 01 40 73 38 88
www.ubifrance.fr

Ubifrance fournit aux candidats à l'exportation les renseignements juridiques et administratifs, commerciaux, fiscaux et douaniers sur les marchés étrangers. Il informe également sur les aides à l'exportation et met à la disposition des entreprises de tous secteurs d'activité toutes les informations nécessaires.

→ Direction générale des douanes, centre de renseignements douaniers et statistiques de Paris, Tél. : 01 53 24 68 24 (réglementations) et Tél. : 01 55 04 65 20 (statistiques).

www.finances.gouv.fr/douanes
www.douane.gouv.fr
www.prodouane.fr

▷ Une étude des marchés innovants

→ OSÉO.

www.oseo.fr

OSÉO apporte son soutien à de nombreux secteurs d'activité : agroalimentaire, biomédical, biotechnologie, chimie, mécanique, pharmacie, technologies logicielles, etc.

→ CRITT, Centre régional d'innovation et de transfert de technologie.

www.evariste.org/critt

→ DRIRE/ministère de l'Industrie, directions régionales de l'industrie, de la recherche et de l'environnement.

www.drire.gouv.fr

→ Francetech, vitrine de l'industrie et de la technologie.

www.francetech.gouv.fr

Il existe de nombreux centres de ressources dédiés aux projets innovants.

Par où commencer ? Il faut avoir un « référent » ou professionnel de terrain pour être dirigé : bureau innovation d'une CCI, de OSÉO, d'une plate-forme d'initiative locale, ou d'un incubateur.

→ Ministère de l'enseignement supérieur et de la recherche.

www.enseignementsup-recherche.gouv.fr

Plan innovation du gouvernement — liste des incubateurs, statut de la jeune entreprise innovante, etc.

→ Technopoles : le réseau France technopoles entreprises innovation, réseau regroupant les centres européens d'entreprises et d'innovation ; les technopoles sont spécialisées par domaines (biotechnologie, agroalimentaire, multimédia…). Le site est également celui des incubateurs d'entreprises innovantes.

www.retis-innovation.fr

Étant situé dans ou à proximité d'un site scientifique, un incubateur entretient des relations étroites avec les laboratoires de recherche. Il bénéficie des ressources scientifiques et technologiques et des contacts accessibles sur le site.

→ Le site portail de l'innovation en région Nord-Pas-de-Calais, source d'informations pour les porteurs de projets innovants.

www.jinnove.com

Ne négligez aucune ***piste* :**
toute *information* peut avoir
son utilité à son ***heure !***

La recherche documentaire sectorielle

Quand a lieu le prochain salon professionnel en France et à l'étranger ?

Quelles sont les ressources de la chambre de commerce ou d'industrie ou de la chambre de métiers ?

Auprès de qui obtenir les dernières analyses économiques sur le secteur ?

Quels sont les acteurs de toute la filière ? Comment les rencontrer ?

Quelles sont les sources d'informations en Europe ?

Existe-t-il déjà des enquêtes sur la consommation du produit ou du service ?

De quelles informations disposent les syndicats professionnels ?

Médias : Quels magazines et revues de presse privilégier ?

Existe-t-il une fiche professionnelle APCE sur le secteur d'activité ?

Conclusion

Vous venez de découvrir à quel point l'étude de votre marché était capitale… et sans doute plus complète que celle imaginée au départ !

Vous voilà en mesure à présent de réduire un grand nombre d'incertitudes inhérentes à toute création d'entreprise. Pas toutes cependant, mais ce sont là les hasards, les opportunités, votre entourage et votre capacité de réaction qui feront la différence.

De plus, votre étude de marché n'est pas tout à fait finie… Elle se construit tout au long de la vie de votre entreprise, et pas seulement au cours de sa création ! Les réflexes que vous avez acquis pour observer votre environnement et vous adapter vont vous servir à l'avenir.

Restez donc vigilant, pratiquez une veille sur votre secteur d'activité, prenez du recul pour tirer les conséquences des changements qui se produisent autour de vous : ajustement de votre produit, introduction d'un nouveau service, test d'un nouveau support commercial…

Bonne chance !

Et pour conclure sur votre étude de marché

- tout part de là ! (objectifs de chiffre d'affaires, de montée en puissance de l'activité, moyens à mettre en place, comptes prévisionnels, organisation pratique, politique commerciale…) ;
- consacrez-y le temps nécessaire (le *business plan* découle de l'étude de marché et le choix de la structure juridique n'est qu'un habillage... le nerf de la guerre ce sont les clients !) ;
- optez pour deux approches : la recherche documentaire et les contacts directs sur le terrain ;
- interrogez le plus possible d'experts de votre secteur d'activité avant de vous lancer ;
- rencontrez des créateurs ou faites partie d'un club de créateurs ;
- présentez votre projet aux réseaux (CCI, boutiques de gestion....) ;
- n'hésitez pas à suivre des formations et/ou à faire appel à une junior entreprise ;
- modifiez ou retardez votre projet si besoin, pour l'adapter aux résultats de l'étude.

Annexes

Annexe 1 : ODIL, outil d'aide au diagnostic d'implantation locale

Odil fournit les éléments pour produire une étude de marché ou d'implantation. La rapidité de son fonctionnement et la simplicité de sa mise en œuvre permettent de réaliser aisément plusieurs simulations. Odil permet de :

- → sélectionner une ou plusieurs activités du secteur de l'artisanat, du commerce de proximité ou des services aux particuliers et les produits correspondants ; il propose 132 activités de la nomenclature d'activités française (NAF) en 700 classes, auxquelles sont associés 180 produits ;
- → définir sur une carte la zone géographique d'implantation choisie par le créateur pour sa future entreprise ;
- → visualiser sur la carte les concurrents potentiels du créateur ainsi que l'implantation des grandes surfaces ;
- → constituer et imprimer un dossier de données relatives à la zone choisie et à la clientèle potentielle.

Ce dossier comprend la liste des principaux établissements exerçant la même activité et un ensemble de tableaux de données statistiques. Pour la zone choisie, les informations concernent la structure de la population, des ménages et des logements ainsi que des données sur les revenus imposables des ménages. Pour les produits sélectionnés, des informations sont proposées au niveau national sur l'évolution de la consommation des ménages et sur leurs dépenses ainsi que sur le potentiel de consommation de la zone choisie.

Les résultats obtenus sont issus de plusieurs sources : le recensement de la population, les données fiscales, la consommation des ménages, l'enquête budget des ménages. L'utilisation d'Odil permet, sur une même portion géographique, de revenir sur les activités et les produits sélectionnés ; réciproquement, un choix d'activités peut s'adapter à plusieurs scénarios géographiques. Odil peut donc être utilisé par tâtonnement avant d'arriver à la zone géographique qui, pour le créateur, recueille le plus d'atouts.

Comment utiliser Odil ? L'interprétation des résultats et l'utilisation, bien que simples, de l'outil Odil, gagnent beaucoup à être accompagnées des conseils d'un spécialiste de la création d'entreprise.

C'est pourquoi l'Insee a passé un accord avec des organismes spécialisés dans l'accompagnement des créateurs d'entreprises ; ces partenaires sont les principales institutions et les associations de la création d'entreprise d'importance nationale, disposant d'un réseau : leur liste est disponible sur le site de l'Insee dédié à la création d'entreprise ; c'est auprès de ce réseau que le créateur pourra s'adresser pour accéder gratuitement aux informations. (*http://creation-entreprise.insee.fr*)

L'avis de l'APCE : un outil à ne manquer sous aucun prétexte surtout quand un projet est facilement identifiable ; en revanche l'outil est mal adapté pour repérer des activités nouvelles (qui ne font pas l'objet de codes NAF spécifiques ou qui ne font pas partie de la nomenclature des produits courants, exemple : les loisirs créatifs). Il faut également veiller à la mise à jour des informations.

Odil fait partie du site de l'Insee dédié à la création d'entreprises. Le site fournit les résultats comptables tirés de l'exploitation des EAE, enquêtes annuelles d'entreprise, du secteur d'activité envisagé par le créateur, pour faciliter l'établissement des comptes prévisionnels de la future entreprise.

Une autre offre de données concerne l'enquête Sine sur le devenir des entreprises et les difficultés qu'elles ont rencontrées, le profil des créateurs.

Il est à noter que les chambres de commerce développent également des outils de géomarketing qui fournissent des données sur le tissu économique à l'échelle du département, de la commune ou d'un quartier ; c'est le cas des CCIP avec l'outil Territem qui pourrait être étendu à d'autres chambres de commerce. Territem a cependant un coût de consultation : 400 euros.

Contact : www.ccip.fr.

Les chambres de métiers et de l'artisanat quant à elles utilisent Olia, outil pour la localisation et l'implantation de l'artisanat, méthode qui permet de comprendre comment une localisation est préférable à une autre. Rendez-vous sur le site *www.apcm.com* puis « création reprise », puis « outils ».

Annexe 2 : Exemple de questionnaire en ligne par Creatests

Voici un exemple d'étude menée en ligne à l'aide d'un questionnaire, par une société dont c'est la vocation :
Creatests. (*www.creatests.com*)

C'est une étude quantitative, facile à mener sur Internet. Elle a pour objectif principal de repérer comment les clients fonctionnent. Une enquête complémentaire (et cette fois qualitative) pourrait par exemple, dans un second temps, mieux appréhender les attentes et les besoins non satisfaits des consommateurs (les lacunes de la distribution sur ce secteur). Objectif : vérifier si une proposition de nouveau service a des chances d'être adoptée par les consommateurs (par exemple, la création d'une plate-forme « C to C » spécialisée dans la distribution de produits de moto).

Questionnaire sur la vente de produits moto

→ Possédez-vous une moto ? (oui/non)

→ Faites-vous régulièrement de la moto ? (oui/non)

→ Vous arrive-t-il d'effectuer des achats par Internet ? (oui/non : pourquoi ?)

→ Si oui, quels types de produits achetez-vous sur Internet ? (pantalon, blouson, combinaison, bottes et chaussures, gants, casques, bagagerie, sellerie, autres)

→ Quels sont les critères qui rentrent en compte dans le choix de vos achats en rapport avec la moto ? (prix, marque, qualité, normes, autres, je n'achète pas de produit en rapport avec la moto)

→ Connaissez-vous des marques de vêtements ou d'équipements moto ? (oui : lesquelles /non)

- → À quelle fréquence changez-vous votre équipement ? (plus d'une fois tous les six mois/une fois par an/moins d'une fois par an)
- → Quel budget consacrez-vous pour l'achat de gants ? (moins de 25 €, de 25 à 35 €, de 35 à 45 €, plus de 45 €)
- → Quel budget consacrez-vous pour l'achat de casque ? (moins de 50 €, de 50 à 100 €, de 100 à 150 €, plus de 150 €)
- → Quel budget consacrez-vous pour l'achat de blouson ? (moins de 50 €, de 50 à 100 €, de 100 à 150 €, plus de 150 €)
- → Pour la moto, lorsque vous achetez des vêtements et des accessoires, vous recherchez : l'esthétique, le confort, la sécurité, la fiabilité…
- → Votre sexe :
- → Votre année de naissance :
- → Votre CSP :
- → Votre code postal :
- → Votre adresse email :

Annexe 3 : Clés pour le rapport d'étude

Foire aux questions

1. Le rapport est-il obligatoire ?

Non bien sûr ! Une infirmière libérale ne va pas élaborer un rapport de 60 pages avant de se mettre à son compte ! Tout dépend de la nature de l'activité, de l'expérience du porteur de projet. Néanmoins, dans la majorité des cas, le rapport permet de synthétiser une enquête de marché, de vérifier la cohérence et que l'on n'a rien oublié : une aide précieuse pour la prise de décision !

De plus, le rapport sera lu par d'autres personnes : associés, réseaux de la création, partenaires commerciaux et financiers. Vous leur demanderez le cas échéant de respecter la confidentialité.

2. Et sur la forme ?

Le rapport doit adopter un plan clair, monter une logique : une trentaine de pages suffisent le plus souvent, en dehors des annexes. Un fichier word fera l'affaire ; on peut utiliser des canevas déjà préformatés (par exemple celui de l'APCE : « mon projet en ligne »), poursuivre son étude par le *business plan* (les projections financières du projet), compléter sa présentation par des diapos… La présentation sera soignée, le style agréable à lire, le texte argumenté de schémas, tableaux, photos, etc.

3. Quelle présentation utiliser ?

Il est difficile de fournir, dans le cadre de cet ouvrage, un rapport dans son intégralité. Nous avons choisi de mettre en valeur les points-clés d'un rapport, présenté et détaillé ci-après.

Exemple de matrice pour le rapport

Les différentes parties du rapport	Nombre de pages	Commentaires
Titre du rapport **Sommaire**	2	Le titre peut être le futur nom de l'entreprise ou le projet de création de l'entreprise dans tel secteur d'activité.
Présentation du ou des porteurs de projet	2	État civil : ..... Formation : .... Expérience professionnelle............ Atouts utiles pour le projet............ Fiche signalétique de l'entreprise en création (le cas échéant) État d'avancement du projet **Objectifs** : Résumer sa trajectoire, ses principales motivations professionnelles, établir un lien entre celles-ci et le projet, montrer la synergie entre les porteurs de projets. Les CV seront transmis en annexe.
Le projet : un résumé en deux pages de l'étude et de ses conclusions	2	**Le projet** : Historique et genèse du projet Objectifs poursuivis avec ce projet Idées *a priori* sur le marché visé Points à vérifier à l'aide de l'étude de marché : les investigations menées pendant l'enquête Le marché visé en bref : les cibles Les principales conclusions de l'étude : le *marketing mix* Mon entreprise dans dix ans...
Étude macro	5	Analyse de l'offre Analyse de la demande L'environnement du projet

LES DIFFÉRENTES PARTIES DU RAPPORT	NOMBRE DE PAGES	COMMENTAIRES
Étude micro	5	Étude sur le terrain Les investigations menées auprès des experts
Étude quali/ questionnaire	3	Résumé de l'étude qualitative et questionnaire détaillé en annexe
Conclusion de l'étude : Positionnement marketing	5	Stratégie *marketing mix* Politique produit Politique prix Facteurs de succès dans la profession Faiblesses et risques du projet Objectifs commerciaux et CA prévisionnel
Distribution	1	La stratégie commerciale et son coût
Communication	1	Les premières actions à mener (médias et hors médias)
Plan d'actions	1	**L'échéancier jusqu'à la création d'entreprise** : Fabrication, management, recherche de local et de financements, etc. (La poursuite de cette partie que nous n'abordons pas ici est le montage du *business plan* avec les comptes prévisionnels.)
Annexes	10 à 30	**Exemple d'éléments portés en annexe** : Le CV des porteurs de projets Les prospectus sur la concurrence Les bons de commande Les tarifs de fournisseurs Les comptes rendus d'entretien Des photos, des plans Les résultats intégraux du questionnaire Etc. L'annexe peut figurer dans un dossier séparé, le cas échéant.

Bibliographie

Méthodologie de création d'entreprise

→ *Créer ou reprendre une entreprise* - méthodologie et guide pratique + CD-Rom
Éditions APCE/Éditions d'Organisation, 2007.

→ *Le guide de la micro-entreprise*
Laurence Piganeau, Éditions d'Organisation/APCE, 2e édition, 2007.

→ *Stratégie pour la création d'entreprise*
Robert Papin *www.robertpapin.com*, Éditions Dunod, 12e édition, 2007.

→ *Entreprendre dans les services*
Carole Logiez et Élizabeth Vinay, collection « Entrepreneurs », Dunod, 2e édition, 2006.

Publications diverses sur l'économie et les marchés

→ Fiches professionnelles, Éditions APCE
130 fiches professionnelles ou modes d'emploi de la création d'activité par secteur, disponibles par lots thématiques ou à l'unité.

www.apce.com

→ IDC, Indices de disparité des dépenses de consommation.

ACFCI - Service CECODIF - Annuel - Sur support CD-Rom.

www.acfci.cci.fr

→ FCGA, Fédération des centres de gestion agréés, Statistiques : données et évolution sectorielle.

2, rue Meissonier, 75017 Paris,
Tél. : 01 42 67 80 62 et www.fcga.fr

→ Banque de France.

39, rue Croix des Petits Champs, 75001 Paris,
Tél. : 01 42 92 42 92 et www.banque-france.fr

Nombreuses publications dont les ratios des grandes entreprises par secteur.

→ Centre de renseignements statistiques des douanes.

23, rue de l'Université, 75007 Paris,
Tél. : 01 40 24 65 20 et www.douanes.gouv.fr

Statistiques sur le commerce extérieur de la France par produit et par pays.

→ *Francoscopie 2007, comment vivent les Français*
Gérard Mermet, Larousse, 2006.

→ *Le Monde est à nous, tour du monde des nouvelles idées de business — Gagnez sa vie en se faisant plaisir*
Laurent Edel et Chine Lanzmann, *www.goodfutur.com*, Éditions Jean-Claude Lattès, 2003 et 2006.

Élaboration de l'étude de marché

→ *Réalisez l'étude de marché de son projet d'entreprise*
Catherine Léger-Jarniou, Éditions Dunod, collection « Entrepreneurs », 2e édition, 2004.

→ *Guide des actions commerciales à l'usage des accompagnateurs de porteurs de micro-projet*. Programme européen horizon « entreprendre pour l'emploi », APCE 1998.

→ *Techniques d'étude de marché*
Éric Vernette et Jean-Luc Giannelloni, Éditions Vuibert, 2003.

→ *Les Études de marché*
Daniel Caumont, Éditions Dunod, 2002.

→ *L'Étude des marchés qui n'existent pas encore*
Paul Millier, Éditions d'Organisation, 2002.

→ *Formation à la pratique des études économiques sectorielles*
CREDOC, séminaire et documents de synthèse.

www.credoc.fr

Marketing, Techniques de vente, Communication

→ *Mercator, Théorie et pratique du marketing*
Jacques Lendrevie et Denis Lindon, Éditions Dalloz, 2006, 8e édition.

→ *Les Techniques de vente... qui font vendre*
Marc Corcos, Éditions Dunod, 1996.

→ *Trouver ses clients*
Francine Carton, collection « free-lance », Éditions d'Organisation, 2005.

→ *Vendre ses prestations*
Joëlle Guillon, collection « free-lance », Éditions d'Organisation, 2003.

→ *L'Alchimie de la vente*
Pierre Rataud, Éditions d'Organisation, collection « efficacité commerciale », 2003.

→ *Comment choisir l'emplacement de son commerce*
Chambre de commerce et d'industrie de Paris, collection « documentation pratique », 1997.

→ *Géomarketing*
Philippe Latour et Jacques le Floc'h, Éditions d'Organisation, 2001.

→ *Internet et marketing*
Jean-Jacques Rechenmann, Éditions d'Organisation, 2001.

→ *Vendre, c'est simple ! Les règles d'or du vendeur professionnel*
Richard Denny, Éditions Chiron, 2002.

→ *Vendre et défendre ses marges*
Philippe Korda, Éditions Dunod, 2005.

→ *Conquérir de nouveaux clients*
Michel Machault, Fédération des centres de gestion agréés, Éditions Foucher, collection « La petite entreprise », 2000.

→ *Marketing des nouveaux produits, de la création au lancement*
Delphine Manceau et Emmanuelle Le Nagard-Assayag, Éditions Dunod, 2005.

→ *Le marketing*
Armand Dayan, collection « Que sais-je », PUF, 2006.

Index

L

M

N

O

P

Q

R

Dans le cadre de sa politique développement durable, Jouve initie en 2007
une démarche visant à la certification ISO 14001.
Cet ouvrage est imprimé sur papiers Munken Premium white des papeteries Arctic Paper pour l'intérieur
et Ensocoat des papeteries Stora Enso pour la couverture.
Ces papiers sont fabriqués sur des sites papetiers certifiés ISO 14001
et enregistrés EMAS à partir de fibres d'origine de forêts gérées de manière durable.

Imprimé en France. - JOUVE, 11, bd de Sébastopol, 75001 PARIS
N° 445354H. - Dépôt légal : novembre 2007
N° d'éditeur : 3561